空がこんなに美しいなら

大村祐子
ひびきの村代表

ひびきの村から西側の眺め、有珠山《うすさん》

ほんの木

まえがき

「人は幸せになることを目的として生まれてきたのではない」…これが、「わたしは何のために生まれてきたのだろう?」と考えつづけて得た結論です。

「なんてひどい!」「それじゃあ生きる希望がもてないじゃありませんか!」「じゃあ、なんのために生まれてきたのですか」…人はさまざまな反応を見せます。このことばを聞いて歯を食いしばる人がいました。泣き崩れた人もいました。「これで胸のつかえがおりました」「安心しました。やっぱりそうだったんですねえ」と、同意なさる方もいます。

…人はしあわせになるために生まれてきたのではない…そう確信できたとき、わたしは心のそこからほっとしました。…これでようやくゆっくり生きていかれる…そう思いました。

…しあわせになるために生まれてきたのではないのなら、人はなんのために生まれてきたのか? 本書にもなんども書きましたが…人は進化するために生まれてきた…のです。そして…進化とは、わたしの内に愛を完成すること…完成された愛とは、自分よりも他者を大切にし、その他者に帰依《きえ》すること…。すべては、

※ルドルフ・シュタイナー(1861年〜1925年)
ヨーロッパを中心に活動した思想家。

※ルドルフ・シュタイナーが示してくれたことです。
人は…他者のために尽くす人、他者のために生きる人、他者に帰依《きえ》する人…に強く心が惹《ひ》かれます。それは、彼らが自らの身をささげ、人類にさきがけてわたしたちに進むべき道を示してくれているから…わたしはそう考えています。

本文に書いた「ヨーラン」も「木を植える男」もそういう人でした。わたしが心から敬愛するルドルフ・シュタイナーもその一人だと考えています。

本書は…どうしたら愛を完成することができるか…と問いつづけ、…愛を完成に近づけたい…と願いながら、「ひびきの村」の日日《ひび》の暮らしのなかで、つれづれなるままに書き綴《つづ》ったものです。

昔、わたしがそうであったように…なんのために生まれたの？　なんのために生きているの？　そう問いつづけていらっしゃる方がたが「答え」を見出すために、小著がちいさなお手伝になりましたら嬉しく思います。

「人は幸せになることを目的として生まれてきたのではない」という考えは、唐突に聞こえるかもしれませんね。機会を得て、もっと丁寧《ていねい》にお伝えできたらいいな、と考えております。

この小著を手にとっていただいたあなたと、こうしてご縁ができたことを心より感謝しながら…ありがとう。

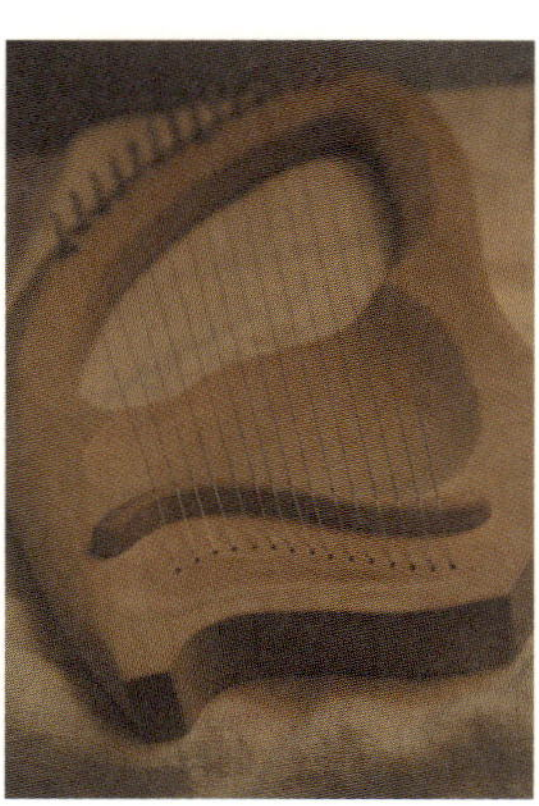
宇宙と心がひびき合い…紡ぎ出される音、
シュタイナーの楽器・ライアー

もくじ

ひびきの村へ
ようこそ！
レインボーカフェ

デザイン――渡辺美知子

写真提供――ひびきの村&柴田敬三

「ひびきの村」の歩み

一九九六年秋　北海道伊達《だて》市にて「ひびきの村」がスタートしました。まず初めに農地をお借りし、バイオダイナミック農業を実践する「リムナタラ農場」を、また活動資金を得るために通信販売のクラフトショップ「えみりーの庭」を始めました。生活費はそれぞれがアルバイトをして手に入れ、古くて寒くて小さな借家で暮らしていました。みんなで毎晩夜なべで手作業をしました。

一九九七年春　シュタイナー幼児教育を実践する「こどもの園」（当初園児は一人！）と芸術活動を楽しむ小学生のための放課後プログラムを始めました。

一九九八年夏　大村祐子が米国での仕事を終えて伊達市に移住しました。最初の仕事はサマープログラムの開催でした。たくさんの方がお出でくださいました。

一九九九年春　シュタイナー教育を実践する土曜学校を始めました。また、秋には全日制の「いずみの学校」、大人が学ぶ「自然と芸術と人智学を学ぶ」プログラムが始められました。

二〇〇〇年春　シュタイナー学校の教員を養成する、日本で初

子どものためのシュタイナー学校、ラファエル・スクール

めての全日制プログラムを始めました。「日本の教育に貢献したい」という大きな夢を抱いて、日本各地から10人の受講生が集まりました。

二〇〇一年春　「いずみの学校」に入学する子どもたちと親御さんたちが大勢「ひびきの村」に移住してきました。「ひびきの村」はＮＰＯ法人になりました。

二〇〇二年春　若者が活動するプログラム、ユースセクションが始められました。世界中の若者と共に、活発な活動が始められました。

二〇〇三年春　「いずみの学校」（幼稚園と農場も含む）はＮＰＯ法人として、また「ひびきの村」は任意団体としてそれぞれの道を歩むことになりました。大人が学ぶプログラムは「ミカエル・カレッジ」、新たに始められた農場は「ウインディーヒルズ・ファーム」、ナーサリーは「フォーレストベイナーサリースクール」と名付けられて活動を始めました。

二〇〇四年夏　ミカエル・カレッジで「治癒教育者養成講座」が始められました。

二〇〇五年春　特別な配慮を必要とする子どもたちのための全日制のシュタイナー学校「ラファエル・スクール」が始められました。

おとなのためのシュタイナー学校、ミカエル・カレッジ

旅立ち…別れ

「ひびきの村」で生まれ、「ひびきの村」で七年三ヶ月を過ごした孫のノアと、ノアの二人の妹が母親に連れられて、神奈川県に移って行きました。二〇〇八年三月十七日の夜、冷たい夜風が吹く伊達《だて》駅から…ブルートレインに乗って。

連れあいとわたしは、列車のあかりが見えなくなるまで、ホームに立って見送りました。赤いテールランプの灯が消えて…それでも立ち去ることができませんでした。あたりは冷えびえとした闇《やみ》につつまれ、遠くから波の音が聞こえてきます。

わたしたちはしっかりと手を繋《つな》ぎ、人気のなくなった駅舎を通りぬけて車に乗りました。互いの胸にあふれる思いは、黙っていても伝わってきます。

町をぬけ、村にもどりました。村はいつもと変わらずしんと静まりかえり、月が天頂に輝いて、うすく広がった雲の合間から白い光をなげかけています。星星《ほしぼし》もやさしく瞬《またた》いていました。

孫たちといっしょに眺《なが》めた月、眺めた星星…幼い彼らを抱きながら、背負いながら…大きくなった彼らと手を繋《つな》いで歩きながら、歌いながら、話しをしながら、笑いながら…楽しく過ごしたたくさんの夜が思いだされます。

※オイリュトミー
シュタイナーにより創始された舞踏芸術。

車からおりて小道を歩き、※オイリュトミーホールに向かいました。窓からあかりが漏《も》れ、ピアノの音がかすかに聞こえてきました。明朝、郷里に戻るマミちゃんが弾《ひ》くピアノです。ホールには受講生やスタッフ、友人たちがあつまり、思いおもいの場所に腰をおろして、マミちゃんが弾《ひ》くピアノに耳をかたむけていました。

べそをかいているのはダイちゃんでしょうか。膝《ひざ》に顔をうめているのはトモちゃん？　頭をあげてマミちゃんをみつめているヒデさん、じっと目を閉じて聴いているケロちゃん、かすかに身体をゆらせているのはチエちゃん…みんな万感の思いを抱《いだ》きながら、聴いています。

「朝《あした》」を弾き終えると、マミちゃんはしずかにピアノの蓋《ふた》を閉じました。そして丁寧《ていねい》にカヴァーをかけ、ピョコンと頭をさげると黙ってピアノの前を離れました。

早春の朝《あした》…「ひびきの村」を発《た》つ人がいます。残る人もいます。いずれの人にとっても新たな旅立ちのとき。

すべての人に訪れる朝《あした》、すべての可能性を秘めている朝《あした》、朝《あした》につづく朝《あした》…朝《あした》は永遠に訪れましょう。けれど、同じ朝《あした》は二度と訪れることはありません。

「ひびきの村」に暮らしていると、たくさんの出会いと別れを経験します。なぜなら、ここは「道」の半ばにあるから…。

人生という旅の途中で、ふらっと立ち寄る人がいます。目的地を見定めて歩きはじめた人が、息つぎをするために訪れることがあります。ここを暫《しば》しの宿と決めてやって来る人がいます。求めてもとめて…ようやくたどり着いた人もいます。人生を着実に歩む人が、「ここは大切なステップの一つ」と、確信をもって来ることもあります。

連れあいとわたしは、そんな人たちの立会い人。

明日の朝、ここを発つ人たちの目に映る朝《あした》はどんな朝《あした》でしょうか。

「ひびきの村」を旅立つ人に…せめて朝《あした》、空は太陽が美しくありますように。陽は輝きますように。凍《こお》った大地がとけますように。風はやさしく吹きますように。雨はひそやかに降りますように…。

わたしたちはただ一心に祈りましょう。

朝《あした》、この空が美しくありますように…

丘を登りきった先にミカエル・カレッジ　顔を見せる有珠山（左）と昭和新山（右）

空と大地と花と緑と大人と子どもたち

出会いの不思議

運命とは
人生の中で　同時にながれる　二つの要素の結果である
その一つは　人間の魂《たましい》の深みから　流れでるものであり
もう一つは　世界から人間にむかって　やってくるものである

ルドルフ・シュタイナーのことばを読んだとき、まったくそのとおり！　わたしの運命は、わたしだけがつくるものではないし、世界だけによってつくられるものでもないのだと、強く確信しました。そして、わたしの魂の深みから流れでるものと、世界からわたしにむかってやってくるものが出会ってこそ、運命がつくられるのだということを、わたしは心底納得したのです。

それから…わたしは考えました…わたしの魂の深みから流れでるものと、世界からやってくるものが出会うことを、わたしはただなすがままにしておいていいのだろうか？　あるがままに受け入れるだけでいいのだろうか？…と。

わたしの魂の深みにあるものとは、過去（前世もふくめて）から現在にいたるまでの体験によって培《つちか》われたもの。世界からわたしに向かってやってくるものも

また、過去に出会ったものであり、人であり、力であり、空間である…つまり、わたしと縁があったすべてのもの。そして、わたしの内にあるものと、世界からやってくるものとが出会って、新たな縁がつくられるのだ、ということが分かりました。それが〈運命〉というものなのですね。

わたしが地球にやってきたのは、わたしの内にあるものと、世界からやってくるものが出会うため。そして、そのことによって新たな運命を体験するため…それが分かったとき、出会いの不思議が解けました。

人は尋《たず》ねます。「どうして『ひびきの村』を北海道につくろうと思ったんですか?」と。

十五年前、室蘭で講演会を企画してくださる方がいました。まだ、わたしがサ※クラメントで仕事をしていたときのことです。その企画は世界からやってきました。わたしの魂はそれに応えました。過去の縁で両者が出会いました。

そのときわたしに、新しい運命をつくるための選択肢が与えられました。「ああ、気持ちよく話をさせてもらった。ありがとう」と言って、そのまま別れるという選択肢。「こんな遠いところまでやってきて…たいへんだったなあ」と不満を残して立ち去るという選択肢。そして、「人智学共同体をつくりたいのです。ふさわしい場所をご存知でしたら紹介してください」とお願いする選択肢。（もちろん、選択肢は無数にありますが、ここでは、肯定的、否定的、そして発展的

※アメリカのカリフォルニア州の州都。シュタイナー・カレッジがある。

という典型的な例だけをとりあげました）

わたしは発展的な選択をしました。すると、話を聞いてくださっていた中の一人が、伊達市郊外にある牧場を紹介してくださいました。そして、その牧場主のおばあちゃんは「いいことに使ってくださるのなら…」と、快く貸してくださったのです。

「ひびきの村」が北海道で始められたのは、こうして世界からやってきたものと、わたしの内から流れでるものとの出会いがあったからなのです。

わたしがここに来たのは、過去の体験によって培われた心が求めたこと。そして、ここの自然、文化、出会う人びと…ここで待っていたすべては、世界が運んできたもの。そして、その出会いをどのような体験とするか…は、わたしの意思に委ねられ、わたしの意思が決定し、それが新たな運命となったのです。

運命に対してわたしができることは…わたしの内のものが自然に流れでるようにすること。どんなものをも避《さ》けずに、世界からやってくるものと向き合うこと。新たな運命がつくられる場として、つねに自分を空《くう》にするように努力すること…だと考えています。

人と人が出会う場所、自分が自分と出会う場所
海が見える丘（噴火湾のむこうは函館方面）

「ひびきの村」をつくろう

「なぜ、こんなに大変なことを始めたんですか」「よくやる気になりましたね、こんな大変なことを…」と、人はよく言うのですが…いまだにわたしは大変なことをしているとは思っていないのですよ。

みんなでいっしょに暮らせる村をつくろう…そう思いついたとき、ただ嬉しくて、楽しくて、心がうきうきしたのです。シュタイナーの思想をみんなで学んで、みんなで生きよう…と思ったとき、心がしぜんに躍《おど》りはじめたのです。みんなでいっしょに学び、働き、遊ぶ姿を思いうかべると、思わず頬《ほほ》がゆるんでしまう…ただ、それだけだったのです。

…肩をくみ、手をつなぎ、話しをしたり、歌ったり。ときには諍《いさか》いをし、慰め合い。畑で、事務所で仕事をし、休息をとり、おやつを頂く。絵を描き、お話をつくり、ライアーを奏《かな》で、リコーダーを吹き、オイリュトミーをし、ドラマを創る。布を染め、木を彫《ほ》り、編みものをし、人形をつくる。そこにはおじいちゃん、おばあちゃん、おとうさん、おかあさん、子どもと蛙《かえる》。馬、鶏《にわとり》、羊、猫、犬がいて、そのうち赤ん坊も産まれるでしょう（小著『わたしの話を聞いてくれますか』

ほんの木出版より引用）…「ひびきの村」をつくろう！　と思い立ったとき、わたしはこんな夢を見ていました。

そしてわたしのまわりには、夢をいっしょにみてくれた仲間がいました。「ふん、ふん、それから？」「カフェをつくって、みんなにおいしいハーブティーをのんでもらいましょうよ！」「わたし、パンを焼くわ」「じゃあ、小麦をつくらなくちゃね」「祐子さんは老後の心配しなくていいわよ。お年寄りの家をつくるから」「医療センターも必要ね」「トヨさんは薬つくれるかなあ？」…。

感心してもらいたい、ほめてもらいたい、感謝されたい…仲間もわたしも、そんなことは露《つゆ》ほども考えていませんでした。「ひびきの村」のことを考えると、ただ嬉しかった、楽しかった、うきうき、わくわくしたのです。村ができたら人が暮らし、子どもが産まれる…そんなことを想像したら嬉しくて、うれしくて…ただそれだけでした。それは…わたしたちの本心が望んでいること…と感じていたからかもしれません。

それなのに、そんなわたしたちを叱る人がいました。「なにを夢のようなことを言っているんだ」「まったく計画性がない」「あなたが失敗したら、人智学※に関わるすべての人が迷惑するんだよ」「できもしないことを言って、大ぼら吹いているだけじゃないか」

こんなふうに言われて…すっかりしょげてサクラメントに戻ったわたしを、同

※人智学
ルドルフ・シュタイナーが洞察した世界観と人間観

僚が励ましてくれました。「あなたの夢なんだから、あなたの思うとおりにしたらいい。他の人の夢は他の人が実現したらいいんだよ」「…そうよね、わたしが見た夢なんだから、わたしが実現していいのよね！」

生まれついてののんき者であるわたしは、すぐにそう思い直して元気をとり戻しました。そしてその3年後、ほんとうに始めてしまったのです！

あなたの夢を実現するのはあなたしかいません。あなたが見た夢はだれのものでもない、あなただけのものです。それを実現するのはあなたなのです。夢は夢であって現実ではないのですから、現実味がなくて当たり前！　でも、いえ、だからこそ、実現したらすごい！

それからさらに5年後…お借りした事務所の入り口に「人智学共同体・ひびきの村」という看板を掲げたとき、わたしは「まるで夢みたい――」と叫《さけ》んでいました。そう、それはかつて夢だったのです。

夢は見なければ実現しません。そしてすぐに忘れてしまうもの。だから大切にして、いつも心から取り出して眺《なが》め、確かめてください…あなたの心にまだあるかどうか…なくなっていたら？　もう一度夢を見ましょうよ！　いえ、何度でも、それが実現されるまで！

何もない場所から始まった「ひびきの村」

有珠山と昭和新山に囲まれて…

「ひびきの村」で暮らす人びと

「ひびきの村」を訪れる人はみんな言います。「ここはまるで別天地！」と。ここで暮らしているわたしたちは首を傾《かし》げ、「どうしてかしら？　どうして人はここを別天地と呼ぶのかしら？」と考えます。

たった一つ、思い当たることがあります。ここでは…だれをも評価しない。だれからも評価されない。だれとも比べない。だれからも比べられない。だから、だれも競い合わない…ということ。

「ダイちゃんは人と人を繋《つな》ぐことが得意だね」「アコちゃんはこつこつと仕事をするのが好きなんだ」「ヨシミさんはすごいひらめきを持っているのよ」「トモアキさんはいつも穏やかなの」「ヨウさんはストレートでわかりやすい」「シンジさんはいつも黙黙《もくもく》と働いているんだね」「ナオミさんはまじめな顔して冗談言うのよ」「トヨさんはおやじギャグをとばしてばっかり！」「それがうけて大笑いするヨウコちゃん」「カナちゃんは一見まじめそうだけど、おもしろい人なのよ」「リョウイチさんはよく勉強する人」「トウコさんは、料理が上手よね」…わたしたちは互いの存在をこんなふうに考えているのです。

これは評価することではありませんね。なぜって…だから…この中でだれがいちばん能力があって、だれがいちばん仕事が早くできて、だれがいちばん目先が利いて…だからその人は他のだれよりも早く出世し、力をにぎり、お給金をたくさん受け取る…ということがないのですから。

反対に…「あの人は慎重で、何をするにも時間が必要なの。だから、急がなくてもいい仕事をしてもらおうね」「彼女、すごいアイディアを持っているわ。だから、そのアイディアが実現できるように、実践力を持つ人が一緒に仕事したらいいと思う」「彼、どんなに頑張っても時間に遅れてしまうんですって。だから時間の余裕がある仕事をしてもらいましょう」…こんなふうに考えます。

それぞれの不得手なこと、できないこと、好きじゃないことを数えあげて「だめじゃない！」「なんとかしてよー」「ほら、また失敗した」…と責めたり、咎《とが》めたり、貶《おとし》めることはしません（正直、わたしは腹がたつことがあります）。

だれからも評価されないと、人は穏やかな気持ちでいられます。競い合う必要がないと安心して暮らすことができます。比べないと焦《あせ》ることも、急《せ》くことも、無理することもありません。いつも自分のままでいられます。「ひびきの村」では、お日さまも、風も、雲も、雨も、雪も…草も、木も、花も、実も…馬も、ヤギも、鶏《にわとり》も、カラスも、スズメも、ミミズも、金魚も、蛙《かえる》も、蝉《せみ》も、鈴虫も…みんなが「あなたはそれでいい」「そのままでいい」…と言ってくれているように感じるのですよ。

でも、ほんとうのことを言うと「?…」「ムラッ」「ンもうー」と思うことはあります。当然ですよね。人間は一人ひとり、みんな違う存在なのですから、仲間が話していること、していることの意味が分からなくて、ときには困惑することがあるのです。仲間の思いや考えを理解できなくて、閉口することも度たびあります。分からないことに対して「?…」「なにそれ?」「わかんなーい」…と思うのは自然のこと。

ですから…仲間の考えや思いを否定したくなる心、ときには仲間の行為やことばに疑問を持つこと、仲間のアイディアを退《しりぞ》けたくなる気持ち…を、仲間もわたしも同じように持っていることを、当然のこととして受け入れたいと思うのです。

「ほんとうかなあ?」って思われますか?…少なくとも…評価しない。比べない。競い合わない…若い仲間たちがいることは確かです。わたしより後から生まれてきた彼らは、わたしよりずっと進化しているのですよ!

ランチの準備、おいしそう!

お母さんとおさんぽ！

沈みゆく夕日の中で：火のまつり

彼らが去ったあと

狐

台所で昼ごはんの後片付けをしていました。右目のはじで何か動いたような気がして顔を上げると、狐《きつね》が一匹歩いている姿が見えました。

狐はすたすたと歩いて庭を横切り、柵をくぐって牧場へ入っていきます。鶏小屋へ向かっているのでしょうか。

草を食《は》んでいる馬のカザハの傍《かたわ》らを通りました。けれど狐も馬も互いにそ知らぬ顔。そのときゴーッと音がして、山から風がおりてきました。草が揺れました。狐の毛も少しだけ揺れたようでしたが、なにごともなかったように歩きつづけます。

彼は首尾よく獲物をとらえることができるでしょうか。はたまた農夫に見つかり、追い立てられるでしょうか。それとも罠《わな》にかかって傷つき死んでしまうのか…三分先のことは分かりません。それでも狐はわが道を行くと決めているようでした。

明るい春の昼下がり。何があっても動ずることなく、わが道をゆく狐の姿は…なんと言うか…立派でもあり、哀れでもあり、孤独でもあり…。

草原に消えた狐を想って目の奥がじんとなりました。

草むらに消えた　狐一匹
天空に輝く太陽　一つ
草をはむ馬　一頭
それを眺めているわたし　一人

白鳥

明日の朝にはここを発つという夜、三人の孫たちが泊まりに来ました。リビングルームに布団を敷き、枕をならべてみんなで寝ました。夜明けはすぐにやってきました。

カーテンをあけると…空にはうっすらと朝焼けが残っていました。ピンク色に染まった空を、白鳥の群れが北をめざして飛んでいる姿が目に入りました。

白い翼をけんめいに動かしながらVの字になり、一列になり、またVの字に戻り…一羽、二羽、三羽…たった七羽の白鳥の群れでした。白鳥の姿が北の空に消えた頃、ようやく有珠山《うすさん》の頂《いただき》に陽が射しこんできました。

三人の孫たちはパジャマ姿のまま、黙って白鳥を見送っていました。生まれ育った場所を今夜離れて行く、すこし小さくなった家族…そして小さな白鳥の群

れ……。

彼らが去ったあとには、連れ合いとわたしだけが残ります。

黒アゲハチョウ

黒アゲハは今朝も現れました。母とふたり、遅い朝ごはんを食べているときでした。まだ九時だというのにじりじりと照る陽の中を、庭の隅《すみ》からすみへ対角線上にひらひらと飛び、楓《かえで》の枝から塀《へい》のむこうへ消えていきました。「毎朝、黒いアゲハチョウが飛んでくるのよ。それも決まって朝ごはんを食べているとき。おかあさん気がついていた？」と、庭に背を向けて腰掛けている母に聞くと、「あなたが来てくれたから、おとうさんが会いに来たのでしょう」とことなげに言います。

わたしが北海道に戻った後、一人残った母の前に、黒アゲハは姿を見せているでしょうか。今日こそ尋《たず》ねてみようと思いながら、母の長い話を聞いているうちに受話器を持つ手がしびれてしまい、それに気をとられて…すっかり忘れてしまったのでした。

感謝と共に…

なんでもできて、なんでもない人

「おおきくなったら、どんな人になりたいの?」「なんでもできて、なんでもない人」……ノアはそう答えました。

……それって、シュタイナー教育が目指していることよ、ノア。あなたはどうしてそんなこと知っているの?

ノア、あなたはきっとシンジさんを見ていてそう思ったのね。シンジさんができることは…野菜づくり、物づくり、ペンキぬり、修理修繕、漬物づくり、山菜取り、ジャムづくり、そば打ち、薪《まき》わり、雪かき、スキー、登山…家だって建てちゃうものね、なんでもできるものね。そして、なんでもない人だものね。

そんなシンジさんを、あなたはとても尊敬しているのね。憧れているのね。シンジさんのような人になりたいと思っているのね。よかったね、ノア。憧れの人に出会えて…理想とする人がそばにいて…目標とする人といっしょに暮らせて…。(あっ、シンジさんにも苦手なことがありました!　話すことや事務所の仕事は苦手かな?)

「ひびきの村」には、シンジさんのほかにも「なんでもできて、なんでもない人」がたんといます。いいえ、みんながそういう人たちかもしれません。「ひびきの村」

の仕事はたくさんあって、「わたしは教師だから、教えるだけ」とか、「わたしは農場の仕事が好きなんです。だから他の仕事はどうも…」とか、「ええっ、事務所の仕事だけしていればよかったんじゃないんですか?」とか、「食事作りは苦手だから、他の仕事場にまわしてください」…なんて言っていられないのです。もちろん、それぞれが好きな仕事、得意な仕事というのはあるのですよ。けれど、好きな仕事や得意な仕事ではないことを厭《いと》わない、いえ、他の仕事をするのが好き、楽しい! と、みんなが感じているのです。

今、世の中の多くの人がプロフェッショナルであることが望ましいと言います。多くの人が「これだけはだれにも負けない」とか、「これなら人に抜きん出られる」とか、「これができる人は、そうはいないだろう」というように、専門職をもち、人より抜きん出たその道のプロフェッショナルであることが、価値のあることと考えています。そして、それが豊かな生活を保証してくれるとも言います。事実、専門職をもつ人は、そうでない人より重く用いられ、収入も多く、人にも賞賛されます。

これほどまでに文明が進化したのは、世の中のすべてが細分化し、専門化して、それぞれの分野でそれを専門とする人、特殊技術をもつ人の仕事のおかげであり、

シンジさんの仕事靴

これからもそうでありつづけるでしょう。

けれど一方で、専門職をもつ人が、もたない人びとに支えられているということも事実です。なぜなら、プロフェッショナルといえど、一日たりとも他者の恩恵をうけずに生きてゆくことはできないのですから。ですから…プロフェッショナルな人ばかりがもてはやされて、専門職をもたないわたしはなんか、劣等生みたい…そんなふうに考える必要はありません。

「地球にやさしい生きかたをしている人」って、「なんでもできて、なんでもない人」かもしれないな、と思います。畑仕事にしろ、物作りにしろ、一人でできることはほんの少しっきりです。ですから、なんでもできる人は、地球から必要いじょうに多くを貪《むさぼ》りとることができませんもの…。

「なんでもできて、なんでもない人！」すてきじゃありませんか！

あっ、ダイちゃん。キッチンで人手が足りないって言っているの。すぐ行って手伝ってあげてくれる？　ありがとね！…パソコンにむかっていたダイちゃんは、エプロンをつかんですっとんでいきました！

土を起こし、土を耕し、草を刈り、冬は雪かき…大活躍のシンジさんのトラクター

たくあんになる前にたっぷり陽をあびる大根

一本の木を植える

「人は生きている間に結婚し、子どもを生んで育て、そして一本の木を植えればそれでいい」…ベラルーシ※では、昔からこう言い伝えられているそうです。

結婚し、子どもを持つことについては、異なる考えがあるでしょう。けれど…一本の木を植える…ことには、だれもが同意するのではないでしょうか。

ジャン・ジオノ作「木を植える男」というお話があります。妻も子も失った、まだ老齢に達していない男が一人、南フランスの荒地に住んでいました。男は羊と犬と共に暮らし、荒地に木を植えていました。だれに知られることもなく、だれに賞賛されることもなく、ただ黙黙と木を植えつづけたのです。

男はまず十万個のタネを植えました。すると、そのうちの二万個が芽を出しました。二万個のうちの半分ちかくが動物にかじられたり、予期せぬことが起きてだめになりました。男は「それが神さまのおぼし召しである」と考えました。残る一万個はそこに根づきました。男は毎日、まいにち植えつづけました。十年経つと、ブナは男の肩ほどに成長し、カシワは男の背丈を越し、涸《か》れていた川には水がもどってきました。野うさぎやイノシシの姿も見かけるようになりました。二十年経つと、荒地は立派な森になり…森からは木木《きぎ》のさざめきが聞こえ、あま

※1991年独立。東ヨーロッパ平原西端の共和国。旧称、白ロシア。

い香りのする風が吹いて…空気までもが変わったのでした。三十年経つと、人びとがきそって移り住むようになり、村ができました。カエデの木陰には水場がつくられ、家家のまわりには野菜と花花《はなばな》が植えられました。そして、山のすそ野では大麦やライ麦が育てられ、谷間にはいちめんに色あざやかな緑の牧草がはえました。

三十年前、ここを通り過ぎた者がいたとして、だれがこの風景を想像できたでしょうか。

男の名はエルゼアール・ブフィエ。八十九歳の春、しずかにその生涯を閉じたそうです。

『ひびきの村』に木を植えよう」そう思ったとき、手にした本でした。…木を植えたら、地下に水が貯められ、水路ができる…わたしは知りませんでした。目から鱗《うろこ》が落ちるとはこのことです。まったく、無知だったと言うしかありません。

水がないことはあきらめていました。「ひびきの村」の丘は、むかし原生林が生い茂っていたといいます。本州から人が移り住み、木木《きぎ》は伐採され、土地は開拓され、牧草が植えられて酪農が営まれてきました。わたしたちが移って来るまえには、ゴルフ場の用地として買収

ガンバレ！大きくなれ！植樹された樅《もみ》の木

された後、手入れされることもなく、荒れるままに放置されていた土地でした。

ここは大地と火と風に恵まれた豊かな土地です。けれど、たった一つ欠けているものがあります。…水…百メートルも地下を掘り、ようやく湧きでてきた地下水を使わせてもらっています。丘をずーっと下《くだ》ると小さな流れがあり、「ひびきの村」を流れる、それがたった一つの小川です。

丘にはほとんど木がなく、「見晴らしがいいわねえ！」「三百六十度、見渡せる！」と喜んでいました。けれど、今となっては喜んでばかりもいられません。木を植えます。植えつづけます。…植えつづけていったら、いつか、あの村のように、流れができ、池ができ、森ができるでしょうか。

あまねく人びとのことを思いやる　すぐれた人格者の精神は
長い年月をかけてその行いを見さだめて
はじめて、偉大さのほどがあかされるもの
名誉も報酬ももとめない　広く大きな心に支えられたその行いは
見るもたしかなしるしを地上に刻《きざ》んで
はじめて、けだかい人格のしるしをも
しかと人びとの眼《まなこ》に刻むもの

自然の命が自然に育ってゆく…

ラヴェンダーを摘みにいらっしゃいませんか

ラヴェンダーを摘《つ》みにいらっしゃいませんか。

七月…「ひびきの村」のラヴェンダーは満開です！

夕暮れの中で見る、けむるようなむらさき色の花畑は、これが地上のけしき？と、まごうばかり。そして、あの独特の香り…なんと言い表したらいいのでしょうか？　摘んだ花でブーケを作り…お茶を作り…入浴剤を作り…石鹸だって作れるんですよ。そうそう、あなたのお気に入りの木綿のシャツだって染められます。

かんかんに暑い日に、むぎわら帽子をかぶって作業をするのもいいものです。北海道といえど、真夏の太陽は強い光と熱を容赦なくおくってきます。たくさん汗をかいてくださいな。そうそう、首にかけるタオルをお忘れなく！

たくさん汗をかいたあとは、近所の温泉にでかけて、さっぱりと汗をながしてくださいね。その間に、夕食のしたくをしておきますから。

夕餉《ゆうげ》のテーブルには、※バイオダイナミック農場で穫《と》れた野菜がどっさり待っていますよ。露《つゆ》をたっぷり吸った朝取りのトマトはスライスし、ちぎった紫蘇《しそ》をのせてオリーブオイルをかけましょう。そうそう、「ひびきの村」特製のハーブソルトをふりかけるのを忘れないように！

※シュタイナーによって始められた生態系に配慮する無農薬、無化学肥料農法。堆肥と自然の調合剤による農場。

まだ小ぶりですが、今年はじめて収穫したジャガイモも召し上がってください。有珠山《うすさん》が噴き上げた火山灰を含む大地は、ほくほくしたじゃがいもを育ててくれます。

わたしの得意料理もぜひ、召し上がってくださいね。…祐子さんのお得意って、なんですか?…ほんとうは内緒にしておきたかったんですけど…キッシュなんです! にんじん、トマト、なす、ピーマン、ズッキーニ、ブロッコリー…今を盛りと成っている野菜を適当な大きさに切って器に入れ、ハーブソルトをふって、ガリガリと胡椒《こしょう》をひいて、放し飼いの鶏の卵をささっと溶いて、かけて、オーブンで焼くだけ!…得意料理だなんて言って自慢するほどのものでもありませんね。でも、楽しみにしていてくださいな! これがおいしーんです。最高! だって、野菜がおいしいんですから、あたりまえですね。

今夜のスープには魚介類をたっぷり入れましょう。目の前の噴火湾では、いか、ほたて、そい、きゅうり(やさいではありません、魚です)が獲《と》れます。毎週土曜日の朝には「かあちゃん市」がたち、獲りたての魚介類が並べられるんですよ。…わたしも行ってみたいわ…いいですよ、じゃあ次の土曜日には五時に起きてくださいね。早く起きて出かけないと、すぐに売切れてしまいますから!

大地から生命をもらって、ラベンダーは
大気の中でゆっくり、ゆっくり育っていきます

トヨさんが焼いたパンは、いくらでもおかわりしてくださいな。とびっきりやさしいパンの焼き方をおしえてもらってから、彼は毎日のように焼いているので上手になりました。ほんとうに簡単！　レシピをさしあげますから、おうちで試してみてくださいね。

西の空にいちばん星が見えたら、ダイニングルームにいらしてください。デザートはテラスでいただきましょうか。有珠山《うすさん》と昭和新山の間に沈む夕日が、それはそれはきれいですよ。今日は西の空にすこしだけ雲が広がっていますね…ラッキー！　風に流されて刻刻《こくこく》と変わる雲の形、色…空が晴れあがったら…それもまたラッキー！

天国って…こんなかな?って、わたし、いつも思うんですよ。夜風にあたるのも気持ちがいいものです。噴火湾のむこう岸にあかりがともる頃には、月も昇ってくるでしょう。…今夜は十三夜でしたっけ…じゃあ、夕食がおわって宿舎に戻る道みち、ごらんくださいな。坂道のしょうめんに見えるはずです。

そうそう、摘んだラヴェンダーをお忘れなく！　枕元において眠ると、すてきな夢がみられるっていいますよ。

風に吹かれて…
丘の上のカフェ

ラファエル・スクールの始まり

一人の男の子がいました。やさしくて、繊細で、身のこなしが早く、すばらしい力を授かっている子どもでした。けれど、一つのことを長い時間をかけてすることがむずかしい、ともだちを過度にからかう、本当のことと想像したこととの違いが分からなくなることがある、という困難を持っていました。

その困難ゆえに…他の子どもたちといっしょに学ぶことは難しい…と判断され、シュタイナー学校に入学することができませんでした。（先生方はきっと深く考え、悩まれた末に判断されたのだと思います）

お母さんは困ってしまいました。「この子に相応《ふさわ》しい教育はシュタイナー教育だ。シュタイナー教育を受けたら、この子はきっと必要な成長を遂げることができるに違いない」と考えて、東京から移って来たのですから。

お母さんは諦《あきら》めることができませんでした。そして、男の子の入学を一年待つことに決めました。一年経つ間には、入学を許可してもらえるほど、男の子はきっと成長するだろうと考えたのです。

そしてお母さんは、待っている間、男の子を連れてオーストラリアに行くこと

いつも一緒に
いつもの時間に
いつもの場所に

にしました。

友人をとおして、オーストラリアのシュタイナー学校に短期入学させてもらうことになり、親子はオーストラリアに向かいました。（実際、現地に行って面談を受けた結果、担任は…彼は今、学校より幼稚園に行くことのほうがふさわしい…と考え、男の子は幼稚園に通うことになったそうです）

あした出発するという日の夕方、お母さんは男の子を連れてお別れを言いに来ました。「これ、僕が帰ってくるまで、祐子さん、預かっておいて」そう言って、男の子は別れ際に、わたしに握りこぶしを差し出しました。ひろげた手のひらには、角がちょっと欠けた親指大のアメジストがのっていました。透き通った石の中に、白と紫色の線が美しく入り組んでいました。「いいわ。あなたが帰ってくるまで大切に預かっておく」

その石を机の上に置きました。わたしが秘かにセイクレットコーナーと呼んでいる、大切なものを置いておく場所です。

それから日に何度となく、わたしはその石を目にすることになりました。そして、石を目にするたびに彼を思い出し、「必要とするすべての体験をし、元気で帰って来ますように」と祈りました。…ああ、彼には分かっていたのだわ。祈りが必要だと言うことを。彼のためにも、またわたし自身のためにも…わたしは祈り続けました。

そしてあるとき、はたと気づいたのです。…帰ってきてから彼はどうするの？と。来年度の担任が彼を受け入れてくれたらいいけれど…そうならなかったら…彼のために学校を始めるしかないなあ…。

そのころ、オーストラリアで活動しているバーバラ・ボールドウィンという素晴らしい治癒教育者との出会いがあり、「ひびきの村」では「治癒教育者養成講座」が始められていました。

それから三ヶ月が経ち、親子ははればれした顔で帰ってきました。その顔を見た瞬間…学校を始めなさい…という声が天から聞こえました。

こうして翌年の春、ラファエル・スクールが生まれたのです。

ものごとはいつでも、わたしの考えや意図からではなく始められます。それを、わたしは何よりもありがたいと感謝しています。なぜって…わたしよりもずっと賢明で、思慮深く、力のある方の意図によって始められるほうが、なにごともずっとよいのですから。

走っても、走っても…まだまだ向こうがあるよ！

遊んでも、遊んでも…遊び足りない！

天使が運んでくれた手紙

アメリカで暮らしていたある日の午後、キャフェテリアでクラスメートのナンシーに呼び止められました。

「息子のデイヴィッドを日本に行かせたいの」「この子の運命が東洋に向いている気がするから」「息子がこの世で果たそうと、生まれる前に決めてきた使命を果たすためには、東洋に行くことが必要だと感じるの」「だからそのための準備をさせてあげたい」「日本に連れて行きたいの」「あなたに助けてほしいの」「あなたにここで出会えたのは、天使のみちびきだと思うから」と、ナンシーはそう言いました。

親として、子どもの将来を気にかけるのは当然のこと。けれどナンシーは、子どもの運命や、子どもが決めてきた使命までも考えている…。

…わたしはといえば…日本の子どもたちに、子どもらしい子ども時代を過ごしてもらいたい。すべての子どもが十全《じゅうぜん》な人間に成長し、十全な人生を送り、自分で選んできた、この地上で果たすべき使命を果たして欲しい…ルドルフ・シュタイナーの世界観と人間観に基づいた教育はそれを可能にする…と考え、それを学

春の妖精：ジュセフィーヌに起こされた花の精たち

んでいたのでした。そんなわたしは、わが子にシュタイナー教育を受けさせるだけで精一杯。子どもの運命や使命までには考えが及びませんでした。

子どもをどんなふうに育てようか？　どんな幼稚園に入れたらよいだろう？受験させて有名校に行かせようか？　大学は？　よい会社に就職するためには、良い大学に行かなくちゃ。そのためには小・中・高・大と一貫教育をしている学校を選ばなくちゃね…その当時、日本の大方の親はこんなふうに考えていたように思います。

それから五年後、日本ではじめての人智学共同体「ひびきの村」が北海道に生まれるとすぐに、デイヴィッドは「ひびきの村」にやってきました。彼はわたしたちと一緒に暮らし、わたしたちと共に働き、学び、そして一年後、アメリカに戻って行きました。

それから数年に一度ひょっこり姿を現わしては、黙黙と仕事をするデイヴィッドに、尋《たず》ねました。「どう？　今でもあなたの運命は東洋に向いていると感じるの？」と。彼はただ笑うだけでした…そんな大切なこと、簡単には話せませんよ…と言っているように。

さて、それから七年が経ったある日のことです。「ひびきの村」のラファエル・スクールに、一通の手紙といっしょに入学願書が届きました。

その手紙には…「ゆうこ先生のうしろに三人の天使がいたよ。だから、わたし、ラファエル・スクールに行くんだ！」と娘が話してくれました。「そうか、天使がいたのか。それじゃあ決まりだね」と夫は言い、わたしも「そうね」と答えました」…と書かれていました。わたしたちの娘はどこで学ぶことがふさわしいのだろう？　天が決めているであろうその学校は、どこにあるのだろう？…ご両親は一年かけて、日本中のこれと思う学校を訪ね歩いたそうです。けれど探しても探しても「ここだ」と思える学校は見つからず、とうとう北海道まで足を伸ばして…ラファエル・スクールへいらしたのでした。

娘さんが見たという天使は、きっと学校の守護天使ラファエルとその仲間だったのでしょう。そして、「ここよ、あなたが学ぶところはここなのよ」と、娘さんの耳元で囁《ささや》いたにちがいありません。日本にも今、子どもが学ぶ学校を、こんなふうに決める親御さんがいる…ナンシーを思い出して、胸が熱くなりました。「夢の中で、天使がおしえてくれたんですよ」「突然『ひびきの村』からお手紙が届いて…天使が届けてくれたんですね」「ここに来られたのは、天使のみちびきとしか思えません」…「ひびきの村」にお出でになる方は、よくこんなふうにおっしゃるのですよ。

季節のテーブル

四季折々に咲く花たちは
訪れる人の心を癒してくれる

シュタイナーの声

未来からやって来るものに対する、すべての不安や恐怖を
わたしたちの魂から根絶しようではありませんか！

未来に対する、すべての感情や感覚のなかに
安らぎを獲得しようではありませんか！

絶対的な平静さをもって、未来からやって来るであろう
あらゆることを楽しみに待とうではありませんか！

そして何が来ようとも、それは叡智《えいち》に満ちた
世界の指示によって与えられた
ということだけを考えようではありませんか！

これはこの時代に、わたしたちが学ばなければならないことの一つです。
すなわち、存在の保証を求めない純粋な信頼

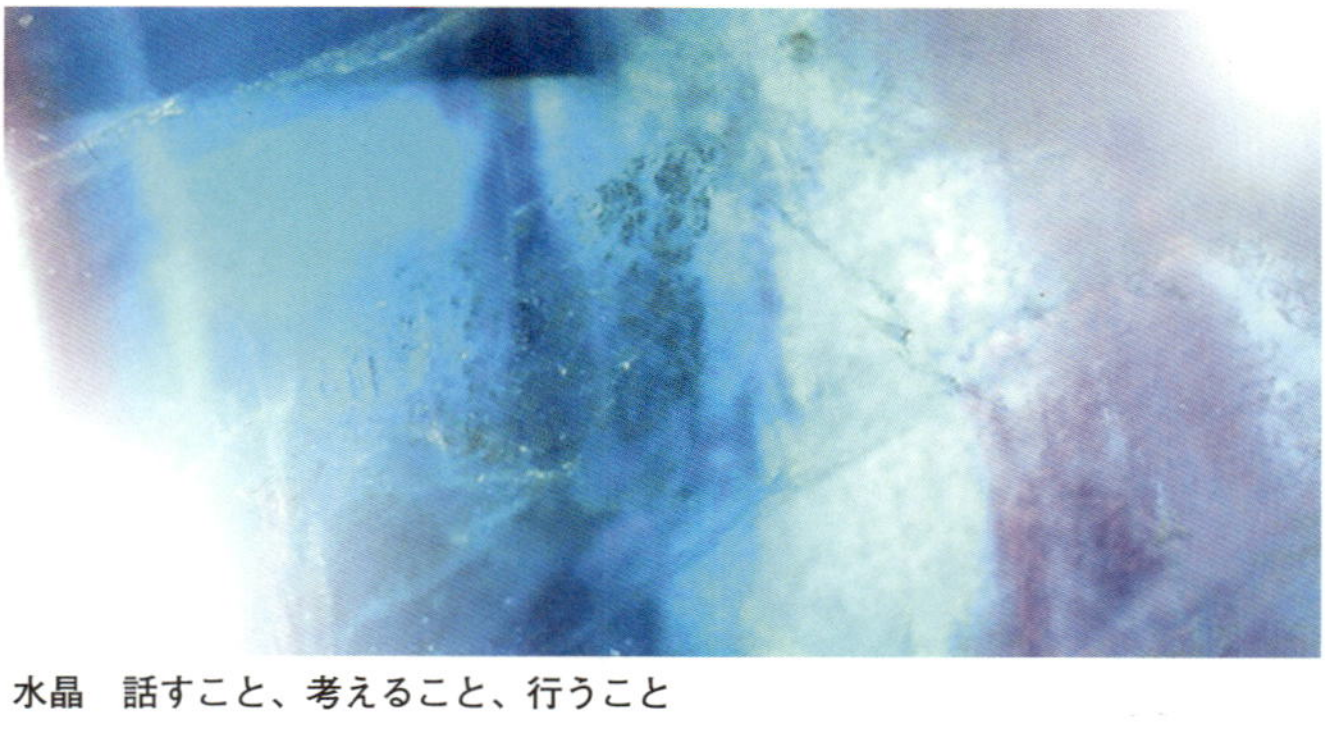

水晶　話すこと、考えること、行うこと

──いかなるときも存在している、精神界から与えられる助けに対する信頼──によって生きるということなのです。

わたしたちが勇気を失わない限り、他ならぬその勇気がわたしたちを助けてくれます。

わたしたちの意志を鍛《きた》えようではありませんか！
そして、朝に夕に、わたしたちの内部からの目覚めを求めようではありませんか！

ルドルフ・シュタイナーが遺《のこ》したこのメッセージは、勇気を失いかけたわたしを励ましてくれます。恐れているわたしの背中を押してくれます。怯《ひる》むわたしの手をひいてくれます。不安にかられるわたしに光をそそいでくれます。心が乱れているわたしにむかって微笑《ほほえ》んでくれます。ただ立ちすくむわたしに力を与えてくれます。ですから、わたしは…明日のことを思いわずらうのはやめよう…と決めました。

必要なものはかならず与えられる…と信じることにしました。
いつ？　だれが？　どこで？　どのように？…助けの手をさしのべてくれるの

か…楽しみに待とうと思います。

すべては、わたしたちよりはるかに進化した精神存在の考えによるもの…と確信します。

保証が欲しいと言わず…黙って信頼します。

勇気を奮《ふる》い起こして…すべてを委ねる…と決意します。

…これらを行いつづける強い意志が、わたしの内で鍛《きた》えられますように…。

今日もわたしは声をだし、この詩を繰り返し、くりかえし詠《よ》みます。すると、聞いたことのないはずのシュタイナーの声が、わたしの声に重なって聞こえてきます。そして、わたしの肩にシュタイナーの手が置かれ、

そのぬくもりが全身にひろがっていくのを感じます。

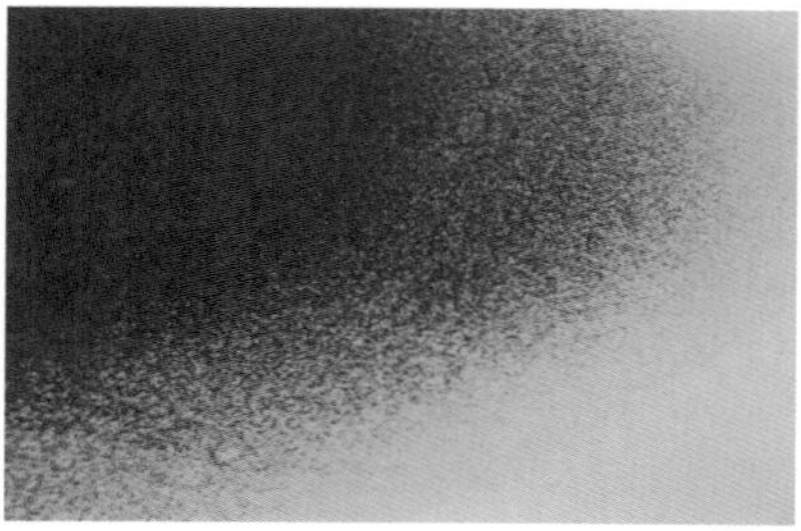

もし人が蟻のように小さくて、花に囲まれたら…

ものごとの半分だけ

「なにか決めても長続きしない」「約束しても守れない」「いやだと思っても、頼まれると引き受けてしまう」「いけないと分かっていても、すぐ大声で叱る」…いけない、やめよう…と言い聞かせても、そうすぐに変わることはできません。「わたしはなんて弱い人間なんだろう」「もう、こうして一生過ごすしかないんだ」…そう悩みながら暮らしている人は、きっとたくさんいることでしょう。

じつは、わたしもそういう人間なのです。ずーっと悩み、苦しみつづけています。悩み苦しむ原因のすべては、「すべてを自分の思うようにしたい、させたい」という強い願望からくるものだということも分かってはいるのですが…なかなか変わりません。

自分自身と、他者と、ものごとのすべてが…自分が望むように…と願い、それが実現しないと落胆し、憤《いきどお》り、失望する…そんなことの繰り返しでした。

けれど六十三歳になった今…少しは変わったかな…という思いがあります。「歳をとったせいよ」という声もわたしの内外から聞こえてきます…それも事実でしょう。

季節のテーブル：メイポールダンス
今年も芽を出したすべての木々と花々が集い、祝う

歳をとることはほんとうに素晴らしいこと！　ありがたいことだと思います。以前は気になって仕方がなかったことを、「まっ、いいか」と思えるようになりました。以前なら心配で一晩中眠れなかったであろうことも、「明日になれば、変わるかもしれない」と思い直して眠ることができるようにもなりました。きりきりといきり立って「許せない！」と思うこともなくなりました。歳をとると、思い煩《わずら》い、怒り、悩みつづける体力も気力もなくなるのですね。ありがたいことです。

歳をとったため…そのほかにも、わたしが少しだけでも変わった理由はあるのですよ。それは…ルドルフ・シュタイナーの世界観と人間観を学んだ…ためだと確信しています。

…シュタイナーの世界観と人間観が、あなたを変える力となったの？……ええ、そうなんです。それがシュタイナーの思想のすごいところだと思うのですよ！

シュタイナーの思想は人を変える力をもっているのです。

「この世に顕《あらわ》れていることは、ものごとの半分だけ。後の半分は見えない、聞こえない、触れることのできない世界、つまり精神の世界に在る」と、彼は示しています。

今日もこんなことがありました。

ミーティングで同僚が歯切れのわるい話し方をしています。「もっと分かりやすい話し方をしてくれればいいのに…」とわたしは思います。そのときシュタイナーが耳元で囁《ささや》くのです…顕《あらわ》れていることは、あなたが見て、聞いているとおり。けれど、見えない、聞こえない残りの半分はなに…と。

- てきぱき話されると分からない人がいる。ゆっくり考える人にとって、彼女の話し方はありがたい。
- 分かりにくい彼女の話を理解しようという意思が、周囲の人のなかに生まれ、皆しんけんに聞く。そうして、皆が進化する。
- 彼女のゆったりした話し方は場をなごませ、みんなを穏やかな気持ちにさせる。
- 話が分かりにくいことが、周囲の人に、彼女を助けようとする意思を生じさせる。そうして、皆が進化する。
- 彼女の話し方がもつ独特の力を保ちつつ、それをより良い力と変えるために努力することを、彼女の天使が、彼女に促す。そうして、彼女は進化する。

顕れていることの意味を考えると、顕れていないことが見えてきます。顕れていないことが見えると、他者の特質をより良い力とするために手助けしたい、という衝動が生まれます。そうすると…他者やものごとを自分の思いどおりにしたい…という欲求がなくなります。もちろん、自分自身についても然《しか》り。

にじみ絵…形を作らず動き続ける色

描きたいもの！

地球に注ぐ光—月によせて

地球からもっとも近い惑星…月。多くの人が親しみを覚え、懐《なつ》かしさを感じる月。月を想い、月を歌い、月を愛《め》で、月を祝い、月を踊る…なぜ古来、人が月によせる思いはこんなにも深いのでしょうか。

わたしも月に惹《ひ》かれます。友人とやりあって心が弱っているとき、大きな悶をかかえて立ち往生しているとき、不如意《ふにょい》なことが続いてめげているとき、空を見上げると青い空に月がうっすらとかかって…強張《こわば》っていた肩からふうっと力が抜けていく…と感じます。

太陽の光はあまりにも強く、眩《まぶ》しくて…「たまんないなあ」という気持ちで一日を過ごしたあと…ようやく太陽が西の空に傾き、雲が赤く染まり、あたりがほの暗くなり、日中のほてりがしずまると…東の空に月がのぼって…ほっと心が落ち着きます。

月はいつも静かです。そして冷たく、硬く、冴《さ》え冴えとし、いっさいの情を持たず…。ルドルフ・シュタイナーの「宇宙の進化」を読んだとき、その訳が分かりました。

——原初の地球は熱であった。永いながいときが過ぎて、熱の中により温かい

冷え、凝縮し、硬化して…

部分と、より冷たい部分が生まれた。それが進化の始まり。

気の遠くなるように永い時間の経過とともに、冷たい部分はさらに冷え、気体が生まれた。やがてときは流れ、気体はさらに冷たくなり、凝縮し、硬くなって液体が生まれた。そして、液体がさらに冷え、さらに凝縮し、さらに硬化して、ついに固体が生まれた――。

地球の進化はこのような経過を辿《たど》ったとか。極言すると、進化とは「より冷えて、より固まる」プロセスだったということを、皆さまもお分かりになったことでしょう。

進化の過程には、人間の想像を遥《はる》かに超えるさまざまなことがあったようですが、中でもわたしの心を捉えて離さないできごとは、

――地球が進化を遂げるために、多くの精神存在が地球上で力を尽くしたということ。彼らが地球上で活動していただけでは、地球はさらなる進化を望めなくなり、高次の精神存在が地球から太陽を分離させて太陽に移ったということ。それ以降、彼らが持つ偉大な光、熱、力が太陽から注がれ、地球がさらなる進化を遂げたということ。しかし、その間にも地球の凝縮と硬化は進み、やがて地球がぼろぼろに砕《くだ》け、塵《ちり》となって宇宙に散ってしまう運命であったということ。そこでさらに別の精神存在が、地球の中の「より冷たく、より硬く」なる部分を携えて地球から離れたということ。それが月になったということ。それ以来、地球は

荒廃をまぬがれたということ。そして、月はさらに地球の進化を助けるために、今この瞬間も、太陽の熱と光と力を反射して地球に注いでいるということ――。

皆さまは月を見たとき、「なつかしい―」と感じることがありませんか。それは、かつて月が地球の一部であったためなのですね。月を見て、思わず知らず頭を下げてしまうのは…硬化を続け、やがて砕《くだ》けて塵《ちり》となる運命であった地球を救ってくれた月に感謝する気持ちが、わたしたちの心に湧いてくるからではないでしょうか。わたしたちが月を愛してやまないのは、自らの意思で、地球を離れた精神存在の自己犠牲と、地球への愛を感じるからなのだと思います。

わたしの内にある硬いもの…固定した考え、打ち破ることができない慣習、常識や通念に屈してしまう弱い心…に煩《わずら》わされていることに気づいたとき、わたしは月を眺《なが》め、月を想い、月に感謝し…太古の時代に、自らの身を捨てて地球から離れていった精神存在の決意に応え、頑《かたくな》な自分を捨てよう…と思うのです。

夜となく昼となく照る月

未来に示される意味

喜びを　神の賜《たまもの》としてうけとれ
喜びは　運命のおくりもの
その価値が　今　示されている

苦しみを　未来への教えとしてうけとれ
苦しみは　認識の源泉
その意味は　未来に示される

ルドルフ・シュタイナーのことばです。
「喜び」は神さまからたまわるもの、そして運命が運んでくれるものであって、けっしてわたしの努力や精進がもたらすものではない…と、シュタイナーは言います。ですから「喜び」は、わたしが「欲しい」と言って得られるものではないのです。
「喜び」は、神さまが「あなたは今、喜びを必要としている」「喜びがあなたの糧《かて》となるように」と意思されたときに与えられるものなのです。そして神さまが、

「あなたには、しばらく喜びを与えないほうがよいだろう」「喜びがあなたを滅《ほろ》ぼすことがないように」とお考えになったときには与えられません。神さまが「与える」とお決めになったときだけ、わたしたちの運命が「喜び」をわたしたちの許《もと》へ運んでくるのです。

ことほどさように、「喜び」はわたしたちの意のままになるものではないのですね。

また「喜び」は今、わたしたちの目の前にあって、過去のものでも未来のものでもないと言います。「喜ぶ」のは今、この一瞬のこと。今この瞬間に…昨日「喜ぶ」…ことは不可能です。過去の思い出に浸り、過去に体験した「喜び」を思い出すことはできます。そして、過去に体験した「喜び」を、今また喜ぶことはできます。けれど…過去に「喜ぶ」…ことはできません。

おなじように今…未来に「喜びたい」…と願っても、それもできません。今この瞬間に…明日「喜ぶ」…わけにはいかないのです。

「喜び」はあくまでも、今この瞬間だけ味わえるもの。神さまがくださる賜《たまもの》であり、それを運命が運んできます。

「苦しみ」を味わうことを…できれば避《さ》けたい…とわたしは願っています。「苦しみ」は辛く、耐えがたいものです。「苦しむ」ことはいやです。長くつづく「苦しみ」はことさら耐え難いもの。

六十三年も生きてきた今、わたしは…「苦しみ」の意味は未来に示される…ということを、十分に承知してはいるのですが…。平穏無事に暮らしているとき、わたしは怠惰《たいだ》になり、ただ流れに身を委《ゆだ》ね、無自覚に生きていてまったく進化することがありません。

そんなとき「苦しみ」はとつぜんやってきます。いえ、正直にいうと「そろそろかな?」と感じることはあるのです。自分がどれほど怠惰に暮らしているかということは分かります。すると、案の定、やってきます。わたしの中のもう一人のわたし、賢明なわたしが「こんな暮らしをしているんじゃあ仕方がない」と思うのでしょうね。その人はわたしが何を必要としているか、よく分かっているのです。そしてわたしは「苦しみ」を与えられ、「苦しみ」によって必要な体験をし、大切なことを学ぶことができます。

「喜び」は、今この瞬間にだけ味わうものですが、同時に、未来に向かう力にもなります。「苦しみ」は、過去をふり返える衝動となり、その意味を明らかにし、必要な認識を与えてくれます。

どちらも大切で必要なものです…ありがたく…いただくしかありません。

昇りくる…光

消えてゆく…光

「ひびきの村」を散歩すると、さまざまな葉っぱたちが迎えてくれます

子どもを愛すること

「わたし、子どもをちっとも可愛いと思えないんです。どうして自分が生んだ子どもをこんなに疎《うと》ましく感じるのだろうと、ずーっと悩みつづけてきました。こんなことで怒らなくてもいいのに、と後になって思うのですが、些細《ささい》なことで逆上して怒鳴《どな》ったり、ときには手まで出してしまって…」

困惑し、苦悩し、自分ではどうすることもできなくて…訪ねてくる人、手紙をくれる人、電話をかけてくる人がいます。子育てをしている母親が、「子どもを可愛いと思えない」「子どもを愛せない」と言って苦しんでいるのです。

かつてわたしも彼女たちと同じように葛藤《かっとう》し、悩み、苦しんでいた母親の一人でした。ですから、彼女たちの気持ちはよーく分かります。子どもを大声で叱っては「こんな叱り方はもう止めよう」と反省し、思わず手をあげては「もう叩くことは決してしまい」と落ち込み、「こんなに愛しているのに、どうしてわたしは息子にこんなことをしてしまうのだろう?」と嘆き、後悔する…そんなとを繰り返す毎日でした。

それでも…わたしは、ほんとうに息子を愛しているのだろうか…と考えることはありませんでした。なぜって…自分が産んだ子どもを愛していないなんて、わ

子どもがいてくれるから…

たしには考えられないことでしたから…。

その頃のわたしは…わたしの思い通りになる息子はだーいすき！　わたしの言うことを聞かない息子は嫌い！…そんなひどい母親だったのです。

「親はだれだって子どもを愛しているわ」「母親が自分の子どもを愛するのは当たり前」…だから、わたしも息子を愛している…と大きな思い違いをしていました。わたしは「真の愛」がどんなものなのか知りませんでした。そして、自分がどれほど「真の愛」から遠い存在であるかということにも、気が付かなかったのです。

今、「子どもを愛せない」と訴えてくる母親たちは、それに気付いているだけ希望があります。人は…己を知る…ことによって、成長するのですから。

ある夏のことでした。居間のソファーに腰をおろして雑誌を見ているわたしに、「おかあさーん」と言いながら、息子がわたしの肩に頭をもたせかけてきました。「六年生にもなって…暑苦しいなあ」…わたしの心はそんなことを呟《つぶや》いていました。

愕然《がくぜん》としました！　わたしは、甘えてくる子どもを嫌がっている！　自分の子どもなのに！　ひどい！

それからずっと考えました…あなたは母親なのに、彼が嫌いなの？　…いいえ、そんなことはないわ、わたしは彼が大好きよ！　愛しているわ！…でも、あなたは嫌がったじゃない？……Unconditional Love（無条件の愛）…どんな状況にあっても、どんな状態であっても、愛し続ける…あなたの愛はそんな愛じゃないわね。

…わたしは息子を嫌がった…わたしは息子を真に愛してはいないんだ…息子の寝顔を見ながら「ごめんね…ほんとうにごめんね」と言って泣きました。そして…息子を愛したい！　心から愛したい！　どんなときにも愛したい！　と強く、深く願ったのでした。

だからと言って、翌日からすぐに息子を「愛する」ことができるようになったわけではありません。疎《うと》ましく思う気持ちが払拭《ふっしょく》できたわけでもありませんでした。あいかわらずひどい叱り方をして後悔し、落ち込み、嘆《なげ》き…それでも、わたしは息子を…心から愛したい、愛せるようになりたい…とただ、ただ念じ、願い、祈り続けたのです。

それから何年が過ぎたでしょうか…ふと気がつくと…心から息子を愛《いと》おしみ、どんなときにも、どんな彼をも「愛している」と言える自分に変わっていたのでした。

…ただ一心に願う…全身全霊をかけて祈る……わたしにできたことはそれだけです。

自分たちで組み上げたイカダで、いざ大海原へ！

ツリーハウスは子どもだけの隠れ家

親たちの時代

「子どもを愛せない」と言って嘆《なげ》き、訴えてくる多くのお母さんたちに共通していることがあります。それは彼女たち自身が「わたしも母親に愛されなかった」と嘆き、悲しんでいるということ。

「わたしも母に愛されたことがないんです。母に可愛がってもらった覚えがないんです。だからわたしも、自分の子どもをどうやって愛したらよいか分からないんです」

彼女たちは「わたしを愛してくれなかった母を許せない！」「わたしだって愛されたかったのに！」と、母親を恨《うら》み、苦しんでいます。「わたしはお母さんが好きだったのに！」「けれど、お母さんはわたしを愛してくれなかった！」…許せない…という思いをどうすることもできないのです。

わたしも、母が…どんなときにも、どんなわたしをも愛してくれた…と感じることはありませんでした。わたしの母は…自分が娘を「愛していなかった」…などと露《つゆ》ほども思っていないことでしょう。「わたしはあなたをうんと可愛がったわ。あなたのためなら、どんなことでもしたわ」と、今でも、「こうもしてあげた」「ああもしてあげた」と話します。

彼女のことば通り、母はわたしにたくさんのことをしてくれました。小学校はミッションスクールで学ばせてもらいました。毎日神さまの話を聞き、神さまの御心《みこころ》に従って生きていきたいと、幼心に思うようになりました。そのときに育てられた神さまを慕《した》う気持ちが、わたしの世界観の礎《いしずえ》となっていると確信しています。ほんとうにありがたいことと心から感謝しています。

クラッシクバレー、油絵、ピアノ、茶道、華道のレッスンも受けさせてもらいました。美しいものに触れる喜び、美しいものを創る喜びは、今もわたしの生きる力となっています。これもあれも母のおかげです。ありがたいことです。

けれど同時に、わたしはこうも思っているのです。

…おかあさん、あなたはわたしがあなたの望むような子どもであったときは、うんと可愛がってくれました。でもわたしがあなたの望むような子どもでなかったとき、あなたはわたしを疎《うと》んじましたね。あなたは覚えていないのでしょう。けれど、わたしはよーく覚えているのです。そして…わたしはほんとうに愛されているのかなあ…と子ども心に思っていましたよ…。

…あなたの時代には、それが母親としてのあり方だったのでしょうね。けれど、わたしはあなたより後に生まれてきた人間です。あなたより進化して、先に進まなければなりません…と。

母となる…

ありがたいことに、そう気づいたときから、母を恨《うら》む気持ちが消えました。

わたしの母親の時代に、人は…「自我を持つ一人の人間」として生きることよりも、血族や家族の一員として生きていた…のです。ですから親はだれもが…子どもは自分の分身であり、家族のものである…と考えていました。血の繋《つな》がった人びとや家族を慈《いつく》しみ、大切にすることは当り前のことでした。彼らは「子どもを愛している」か「愛していないか」などと自問することもありませんでした。それが当時の人間のあり方だったのです。

けれど人類は進化しつづけ、強い自我意識を持つようになりました。そして、「自分で感じ、自分で考え、感じ、考えたことを自分の意志で行う」生きかたをするようになったのです。

わたしたちの強い自我意識は、わたしとは異なる存在である子どもを、「家族だから…」「わたしの子どもだから…」という理由だけで、当り前に「愛する」ことを許さなくなりました。今やわたしたちは、「子どもを愛する」ために、努力しなければならない存在になったのです。

昔は子ども、今は大人

わたしとは異なるわが子

…母親だから、わが子を愛している…という考えを持たないこと。…母親が子どもを愛することは当たり前…という考えは幻想であるということ。それは「子どもを愛せない」「子どもを可愛いと思えない」と苦しんでいる母親自身と、周囲のすべての人が今、考えなければならないことだと思います。

子どもと親の関係も、他の人間関係とそうは変わらないものです。…考え方も、暮らしぶりも、趣味も同じだわ、良い友人になれそう…そう思って親しくなった人の内にも、日が経つにつれて「違い」が見えてきます。すると互いに足が遠のき、いつの間にか…一年も会っていない…ということがあります。友情を保ちたいと願うのであれば…違っていても愛す…努力をしなければなりません。

…死ぬほど好き…と思って結婚した人も、しばらくすると欠点が見えてきて、一緒に食卓に着くことさえ疎《うと》ましく感じることがあります。そうなってからも夫婦でありつづけるためには相手を理解し…違いを認める、違っても受け入れる…ための努力が必要ですね。

また、どんな出会いもときが経てば新鮮さが薄れ、互いに気持ちが遠ざかるものです。出会いを発展させようとするなら、相手のすぐれた点、すばらしい資質を探し、それを認め、讃《たた》え、感謝する努力が求められます。

生まれたばかりの赤ん坊は、まわりの大人だけが頼りです。自分の力ではなにもできません。なかでも身を分けた母親を、いつでも、どんなところでも求めます。しかし、やがて成長し、自我を持つようになると、「あれがしたい」「これはいや」「どうしてもこれが欲しい」というように、自分の意志を持ち、それを遂げようとします。子どもの欲求は往往《おうおう》にして、親の思いとは異なります。すると「好き勝手なことばかりして、いやな子」「親の言うことを聞かなくて困った子だわ」「自分の気に入ったことしかしないいんだから！」…親の心のなかに、子どもにたいする嫌悪感や拒否感が生まれてきます。

それは人間であるなら当然のこと。心の距離はどんな人との間にも生じます。それにもかかわらず、「親はそうであってはならない」「子どもがどうであれ、母親は子どもを愛することができるはずだ」「母親なら、子どもがどんなことをしても受け入れ、許さなければ…」と、母親自身も、また周囲の人たちもそう思い込んでいるのではないでしょうか。

子どもと言えど、母親とは異なる存在です。感じること、思うこと、望むこと、考えることが違って当り前。そして、その違いが苦痛、いや、疎《うと》ましい…それも人間として自然なあり方なのです。

…親は子どもを愛して当然…という幻想を捨てましょう。わたしたちは今、わたしたちの親とは異なる自我意識を持っています。わたしたちの自我は「わたしはこう感じる」「わたしはこう考える」「わたしはこうする」と、自分自身に向かって、また他者に向かって明確に告げています。それは人類が進化を遂げている証《あかし》なのです。

わたしがわたしとは異なるわが子と共に生きてゆくためには、努力することが必要です。わたしとは異なる考えを持ち、わたしとは異なる感じ方をし、わたしとは異なる表現をするわが子を愛するために、わたしたちは努力しなければなりません。

- 子どもをよく見ること。
- 静かに子どもの話を聞くこと。
- 子どもが見ているものに目を注ぎ、子どもが聞いていることに耳を傾けること。
- 子どもを愛することができるようにと心から願い、祈ること。

長い時間をかけて、ようやく分かったことでした。

緑の原をすすむ

おかえり！

胡蝶蘭、十五の蕾《つぼみ》

…還暦を迎えたお祝いに…と胡蝶蘭《こちょうらん》をいただきました。送ってくださった方の笑顔を思わせる、はなやかなピンクがかった紫色の花が五つ咲いていました。メインホールのダイニングルームに置いてしばらく楽しませてもらいましたが、いつか花が落ち、濃い緑色の厚い葉だけが残り、気が付いたときには、胡蝶蘭の鉢はダイニングルームから姿を消していました。

季節が変わり、胡蝶蘭が置かれていた場所にはクリスマスを迎えるための真紅のシクラメンが置かれました。

…あの胡蝶蘭はどうしたかしら…ふと気になって探しまわると…胡蝶蘭は裏玄関の棚の隅《すみ》にひっそりと置かれていました。それからときおり目にする胡蝶蘭は、大きく広げた洗濯物の陰になっていたり、届けられた宅急便にさらに隅に押しやられたり、ときには床に置かれていることもありました。花をつけない胡蝶蘭の存在を、気にかける人はいないようでした。

世話をしようと決めたわたしも、忙しさにかまけて水遣《や》りを忘れることがあり、気が付いたときには、鉢の表面を覆《おお》っているコケがカラカラに乾いていることが

種から芽、芽から蕾《つぼみ》、蕾から花

たびたびありました。

そうして三年が過ぎました。相変わらず裏玄関の棚に置かれたままの胡蝶蘭に水を遣《や》っている人は、わたしの他にはいないようでした。それでも胡蝶蘭は生きながらえ、それどころか初初《ういうい》しい薄緑色の二本の根を鉢からはみ出させ、成長していることを示していました。

…そろそろ水を遣ったほうが良いかな？　ウン？…長く伸びた茎《くき》に…まさか！…蕾《つぼみ》？…確かに蕾でした！　灰色の硬い蕾が一つ、二つ、三つ、四つ、五つ…十五も！

胡蝶蘭の強い生命力に圧倒されました。片隅に追いやられても、忘れられても、十分に水をもらえなくても、世話をしてもらえなくても…胡蝶蘭は三年の月日をかけて十五の蕾を付けるだけに成長したのです。三年もの間ただ黙ってそこにいて…毎年花を咲かすことを選ばず、力を蓄《たくわ》えて一気に咲く…ことを選んだのです！

胡蝶蘭の賢さ、潔《いさぎよ》さ、強さ、健気《けなげ》さはいったいどこから来るのだろう？　わたしは子どもたちの姿を思わずにはおられませんでした。胡蝶蘭の姿は子どもたちの姿そのもののように思えるのでした。

今、多くの子どもたちが劣悪な環境のなかで生きています。親に捨てられる子、虐待を受けている子、世話をしてもらえない子、いじめられている子、アレルギーで苦しんでいる子…幸せに暮らしていると思われる子どもたちにとっても、健《すこ》やかに成長することができにくい世界であることには変わりません。

それでもこの環境のなかで、子どもたちは必死に成長しようとしています。劣悪な環境を嘆《なげ》いたり、わたしたちを恨《うら》んだり、憤《いきどお》ることもせず、ただひたすら成長しようとしています。

ほんのわずかしか与えられなかった水を最大限に有効に使い、蕾を付けた胡蝶蘭のように、子どもたちもこの環境のなかで注がれるわずかな愛と善き力、そして熱と光を受け取りながら成長しているのです。この困難に満ちた時代を選んで生まれてきた子どもたちです。それだけの覚悟と力を備えて生まれてきたのでしょう。

子どもたちの内に備えられた、環境に順応する力、成長する力を尊びたいと思います。備えられた力を生かして彼らが成長することを、邪魔すまいと思います。そして、彼らが真に必要としている手助けだけをしよう…黙して語らず、自分の力で咲かせられるだけの蕾《つぼみ》をつけた胡蝶蘭が教えてくれたことでした。

春の日…うららに

また来年！…どこで会えるかな…

生命のいとなみを見守って

あなたの中に光が流れ込んでいきますように
わたしは愛をこめてその光につきそい
この上ない歓《よろこ》びとともに　あなたの生命のいとなみを見守ります
それはあなたをすこやかにするでしょう
それはあなたを支えてくれるでしょう
それはあなたの心を明るくしてくれるでしょう
心からのわたしの歓びの気持ちが
あなたの生きる意志と結びつきますように
そしてその意志がどんなときにも　どんなところでも
それ自身で力強く存在し続けることができますように

幼い子どものために親が唱《とな》えるようにと願って、ルドルフ・シュタイナーが作りました。この詩は、わたしたちの「歓び」が子どもの生命の源になるということ、そして、わたしたちの「歓び」が、「生きよう」という子どもの意志を育てるのだということを示しています。

焚《た》き火のあとに残った
天然の芸術作品

悲しいこと、苦しいことがあったとき、わたしはなかなか…よし、しっかり仕事をしよう…という気持ちになれません。人に会うことも億劫《おっくう》になります。本を読むこともつまらない、絵を描く気持ちにもならない、散歩しようという気も起こらない、庭に出るのも面倒、ピアノの前に腰掛けるのも、好きな料理をすることにさえ気が向かなくなります。

どんなに晴れあがった空を見ても、鳥の美しいさえずりを耳にしても、気持ちのよい風が頬《ほほ》をなでても、花花《はなばな》のかぐわしい香りがただよってきても、おいしいお菓子を口にしても…つまらないなあ…と思うばかり。そして、ついには…生きていてもなんにもならないなあ、生きていてもつまらないなあ…とさえ感じるようになります。

若い頃にはそんな気持ちを容易に切り替えることができず、わたしはただ悶悶《もんもん》と過ごしていました。そんなわたしの態度に、どれだけの人が傷つき、迷惑を蒙《こうむ》ったことでしょう。

けれど年の功でしょうか、ありがたいことにようやく近頃では、子どもたちの前では、「悲しい」「苦しい」「つまらない」気持ちを出すことがなくなったように思えます。そして、わたしの中の「つまらない虫」が子どもたちに悪さをしないように努めます…いつもより高いトーンで話し、笑顔をつくり、冗談を言い、歌い、動き…明るく、あかるく振舞うよう努めることができるようになりました。

けれど残念ながら努力の甲斐もなく、子どもたちは一瞬にしてわたしの気持ちを察します。子どもたちは無口で用心深くなります。大声で笑うこともなく、歌う声はほそく、リズム運動の動きがにぶくなります。何をするにも慎重で、間違うことを恐れます。そして、どんなこともわたしの言うとおりにしようと努めます。…何があったのだろう? 先生かわいそう…と、わたしを労《いたわ》り、無理なことも言わず、おとなしくしています。

子どもたちは…学ぶべきことを学べていないなあ…とわたしは感じます。歌っても、笛を吹いても、身体を動かしても、「しよう!」「したい!」という心の底から湧き出る衝動が、子どもの内に見られません。「歓び」が感じられないとき、子どもたちの心には強い意志が生まれないのです。

あなたにもきっとそんな経験がおありでしょう。お姑《しゅうと》さんと言い合ったとき、お隣さんと諍《いさか》いをしたとき、パートナーともめたとき、心配かけまいと思って笑顔をつくっても、子どもは妙に静かで、あなたの顔色を窺《うかが》い、あなたの言うことを「はい」「はい」と聞く…あなたの心がそのまま子どもに映っているのですね。

小さな灯りが集まり…

光は葉のしげみをまっすぐにつき抜けて

歓びは生きる力

うれしい気持ちのときのあなたはどうでしょう?

難しくて手が出せなかったことにも、「やってやろうじゃない!」と立ち向かう気持ちが湧いてきませんか。ちょっと苦手な人にも、思い切って声をかけることができるのではありませんか。玄関の靴をそろえることも、ごみを拾うことも、トイレ掃除も苦にならないのではありませんか。腕をふるってみんなにご馳走したくなり、はりきって台所にも立ちますでしょう? どんなことも、歓《よろこ》びをもってすることができますね。

気持ちが晴れ晴れしていると少々寝不足の朝でも、疲れていても、お腹がすいていても、教室に向かうわたしの足取りは断然軽くなります。そんなわたしに向かって、子どもたちは「ゆーこせんせー」と両手を大きく振りながら走ってきます。みんなにこにこ笑っています。挨拶の握手をする手に力がこめられます。顔をまっすぐにあげます。子どもたちの頭からつま先まで、光の柱がすっと通ります。両手の指もぴんと伸びます。はっきり、くっきりした声で詩を唱《とな》えます。リズムあそびはトントンと運びます。身をよじり、大声をだしてよく笑います。

そんなとき、わたしは…子どもたちの軽口にじょうずに応えられます。少々のおふざけも大目に見ることができます。子どもたちが手こずっているときにも、辛抱つよく待つことができます。…計画していたことは止めて、これをしよう…この子には今これは無理…あの子はわたしのことばを待っている…と子どもたちが必要としていることを、必要なときに、必要とされているようにすることができます。

そんなとき子どもたちは「えーっ、メインレッスンもうおわりなの?」「もっとしたーい」「もう少しつづけようよー」と口々に言うのですよ。学ぶことがうれしくて、うれしくてたまらないという様子です。どんなことにもいきいきと取り組みます。新しいことに挑戦することが楽しくてたまらないようです。心のなかにもりもりと勇気がわいてくるようです。困っている友達を助けます。「ありがとう」と言います。みんなといっしょに学んでいること、みんなと共にいることを心から歓んでいるように見えます。

子どもたちはわたしの鏡です。子どもたちはわたしの在り様《よう》の写し絵です。わたしの心次第で、わたしの在り方次第で、彼ら自身の心と在り方が変わるのです。

わたし自身が今この瞬間を…生きていることがうれしい!…生きていて幸せ!…と感じることができたら、わたしと共

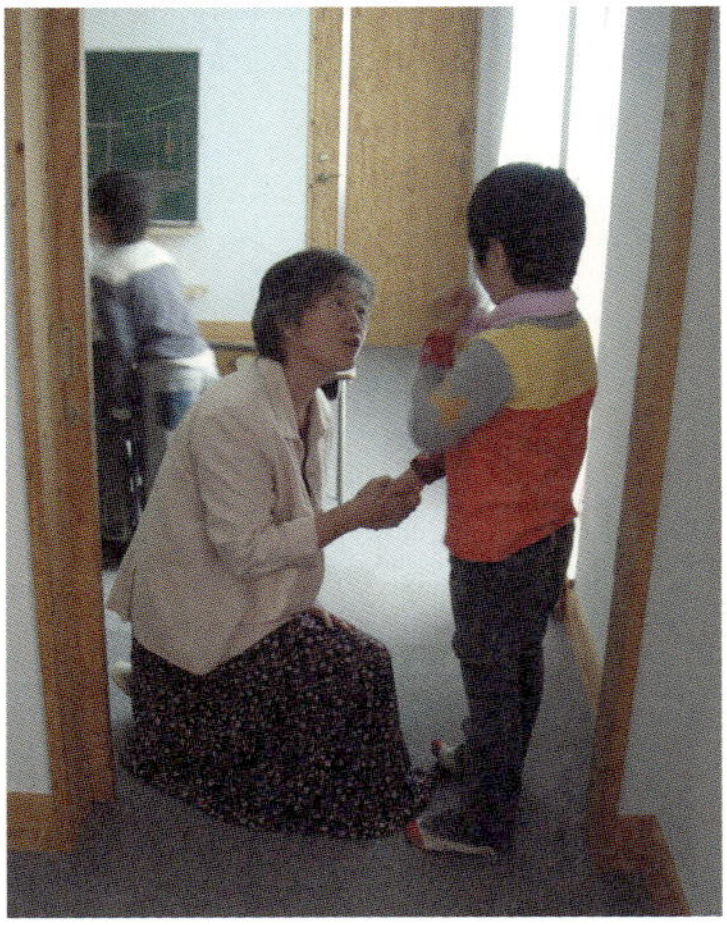

いつだって、ちゃんとごあいさつ

にいる子どもたちも心の底から…生きることは歓び！…学ぶことは楽しい！…みんなといっしょにいることが幸せ！　と感じられるにちがいありません。

わたしたちが歓ぶと子どもたちもいっしょに歓びます！　わたしたちが笑うと子どもたちもいっしょに笑います！　どうしておかしいのか分からなくても、声をあげて笑います！

おとなだってそうですよね。となりで人が笑っていると、訳も分からず笑ってしまうことがありますでしょう？　そして、気が付くと、ふっと心がやわらかくなっている…そんなことはありませんか。むずかしく考えていたことも「まっ、いいか。あとで考えよう！」と思えることがありますね。

「歓び」こそが、わたしたちの生きる力になるのです。「歓び」こそが、わたしたちの内に「生きよう！」という強い意志を呼び起こすのです。そして、わたしたちの生命を支える「歓び」はまた、子どもたちを支え、子どもたちを健やかにし、子どもたちの心を明るくするのです。

まだこの地上におりてきて間もない子どもたちが、どんなときにも生きる意志を持ちつづけることができるよう…「歓び」ましょう。辛いこと、悲しいこと、苦しいことのある暮らしの中でも…「歓び」ましょう。歓ぶことによってこそ、わたしたちは生きつづけることができるのです。

まよわずに下れ！流れろ

「次、わたしの番ね」

バイオダイナミック農法で育った
ウィンディーヒルズ・ファームの
生命力あふれる野菜たちと卵

自由に生きたい――ほんとうの自分

「良い人になりたい」いえ、もっと正確に言うと「良い人と思われたい」…そう願って、これまでわたしはどれほど思い悩み、苦しみ、煩《わずら》い、困窮《こんきゅう》したことか！　そして、人の期待に応えるために肩肘《かたひじ》を張り、人に好意を持たれたくて無理をかさね、人との関わりをつづけたくて心にもないことを言ってきたことか！

そうして、わたしはほんとうの自分を生きてきませんでした。

わたしは…そうは考えていないのに…心ならずも同意する。

わたしは…そうはしたくないのに…人と同じ振舞《ふるま》いをする。

わたしは…そうしたいのに…人がそうしないので我慢する。

わたしは…一人でいたいのに…仕方なく誘いを受ける。

こうしてわたしは、これまで不自由な思いをし、その結果、人を恨《うら》み、憤《いきどお》り、不満を募《つの》らせ、怒りをくすぶらせてきました。

〈嫌われる〉という恐れ。〈拒《こば》まれる〉という不安。〈避《さ》けられる〉という不信…人との関わりを失うことを、わたしはそれほど怖がったのです。

明日からサマープログラムが始まるという、２００７年の夏の朝のことでした。ベッドから起き上がろうと身を起こしたとたん、腰に激痛がはしり、わたしはそのままベッドにたおれ込んでしまいました。椎間板《ついかんばん》ヘルニアが再発したのでした。

リサ・ロメロが飛んで来てくれました。彼女は、医療のプログラムを担当している、オーストラリア在住の人智学療法士です。リサはベッドのかたわらに椅子を寄せ、腰をおろすと、静かに問いかけました。…何を尋《たず》ねられ、何と答えたのか…「わたしは自由に生きたいの！」気が付くと、わたしは激しく泣きながらそう訴えていたのでした。

「あなたはずっと一人で生きてきたのね。一人で考え、一人で思い悩み、一人で決めて…頑張ってきたのね。もう十分だわ。これからはひとに『お願い』と頼んだらいい。『できない』と断ったらいい。『いやだ』と言ったらいいのよ」

…そんなこと言ったら、人はがっかりするわ。いやがるわ。怒る人もいるわ。そんなわたしを拒否して遠ざかる人もいるわ。否定する人だっているでしょう。そんなこと今までさんざん経験してきたもの。だから怖いの、ほんとうの気持ちを伝えるのが、ほんとうの自分を見せるのが…。

「たしかにそういう人もいるでしょう。あなたは強くて、賢くて、力のある人に見えるから…いいえ、事実そうだから。でも、それだけがあなたじゃないものね。

弱さも、脆《もろ》さも、荒々しさも、ずるさも併せもっているんですものね。

誰だって、自分のネガティヴ※な面を人に見せるのは怖いわ。でも、大丈夫！　あなたの家族もスタッフも、ほんとうのあなたを知っているから。それでもあなたを信頼していっしょにいるのよ。だからあなたも彼らを信頼したらいいわ。彼らの前で、ほんとうのあなたを生きたらいいわ。

賢明なあなたの身体は…このままじゃ取り返しのつかないことになる…って、警告しているのよ。半年前に、あなたアキレス腱《けん》を痛めて歩けなくなったことがあったんですってね。でも、一日も休まずに仕事したでしょう？　あれも警告だったのよ。気が付かなかった？　だから今度は、ほんとうに一歩も歩けない状態にさせて…しかも、わたしがいるときに…ね。これからは自由に生きて！　恐れずに…」

それから一週間、わたしはただ眠りつづけました。

夏のおわりに…不安や恐れをやわらげる…というクリームが届きました。「毎朝、胸に塗ってね」と言うメッセージが添えられていました。やさしい香りのバラとラヴェンダーのクリーム…リサからのおくりものです。

※ネガティヴ（negative）否定的、消極的。

みんなで上を向いて

マザーテレサに尋《たず》ねてみたいこと

…どうしたら、しあわせになれるのだろうか?……あなたも考えつづけていらっしゃいますか。

「しあわせ」を求めて、深い闇《やみ》のなかで一歩も動くことができず、ただうずくまっていた経験が、わたしにもあるのですよ。ほんとうに長かった! あのとき…一条の光もさしこまない深い闇の中にいる…と、わたしは感じていました。なぜ、あの空間を…闇…と感じていたのだろうと、ときおり考えることがあります。なぜなら、あの…闇…と感じて苦悩していた空間と、…しあわせ…と今、心から感謝しながら生きているこの空間とが、それほど違っているとは思えないからです。

思いあたることは一つ…あのときわたしは…過去を悔《く》い、未来に絶望していた…ということ。…あんなことをしたから、あの人はわたしから去って行ったんだわ…あんなことを言わなければ、仕事をつづけていられたのに…あのとき、あの人に会いさえしなければ…と過去を強く悔《く》い、…だから、もう駄目…だから、何をしても無意味…だから、友だちができるはずがない…と、未来にもまた深く絶望していたのでした。

…過去には戻れない。未来にも踏み出せない…そうして闇の中でただうずくまることだけしかできなかったのです。

「そんな闇の中で、どうやって生きていたのですか」「そんな長い闇から、どうやって抜け出したのですか」と聞かれることがあります。

　考えてみました。ほんとうに…いったいどうやって、あの辛いときをやり過ごし、闇を抜け、今こうして元気で生きているのか…と。

　あのとき…春の日の午後、ふっと沈丁花《ちんちょうげ》が香りました。と、その瞬間、わたしは…しあわせ…とつぶやいていました。夏…まっ青に晴れあがった空に入道雲がもくもくと湧き、たちまち天高く昇っていきました。…あっ、子どもの頃とうきび畑で見た空！　つんと鼻の奥がいたくなりました。そしてわたしは…しあわせ…とつぶやいていました。それからわたしは耳を澄まし、目を凝《こ》らし、全身をとぎすませて、「しあわせ」と感じる瞬間を待ちました。

　ふりしきる雪にすべての音が吸いこまれてシンとした夕闇。一瞬のうちに天空に消えてゆく虹。雲を吹きちぎり、怒涛《どとう》のように激しく吹きすさぶ風。山の端《は》に触れた太陽が一時《いっとき》みせる巨大なダイヤモンドの輝き。たえまなく寄せては退《ひ》き、また寄せては退く波。太陽に溶かされる寸前の朝もやの匂い。うすく刷《は》かれた雲と見紛《みまご》うばかりの白い二十日月…。

暗がりの中で陽を受けて立つ
オイリュトミーホール

秋になり、冬が過ぎ、春が来て、また夏が…どれくらいのときが過ぎたでしょうか。病み、弱り、萎《な》えていたわたしの心に、一瞬感じる「しあわせ」が重なり、積もり…生きる力を取り戻していった…ような気がするのです。

一瞬感じる「しあわせ」を積み重ねる…それが、「しあわせ」ということなのかと考えています。この一瞬を「しあわせ」と感じると、過去を悔《く》いることがありません。未来を憂えることもなくなります。

過去を悔いてもやり直すことはできません。明日のことを考えても、明日生きているかどうかさえも分かりません。だったら、過去をふりかえることも、未来を思い煩《わずら》うことも詮無《せんな》きこと。結局、わたしに残されている道は…この一瞬に生きる…だけ。

あの偉大なマザー・テレサでさえも、闇の中をさまよっていた時代があったと聞きます。彼女はどうやって通りぬけたのでしょうか。あちらの世界で出会うことがあったら、ぜひ、尋《たず》ねてみたいと思っているのですよ。

考える場所、考えない場所

自然素材で作られたクラフトやグッズを販売するお店、えみりーの庭
人が集い、話し声、笑い声がたえません

与えられるもの、与えられないもの

大きなことを成し遂げるために力を与えて欲しいと、神に求めたのに
謙遜《けんそん》を学ぶようにと、弱さを授かった。

より偉大なことができるようにと、健康を求めたのに
より良きことができるようにと、病弱を与えられた。

幸せになろうとして、富を求めたのに
賢明であるようにと、貧困を授かった。

世の人々の賞賛を得ようとして、成功を求めたのに
得意にならないようにと、失敗を授かった。

人生を享楽しようと、あらゆるものを求めたのに
あらゆることを喜べるようにと、生命を授かった。

一日のおわり

求めたものは一つとして与えられなかったが
願いはすべて聞き届けられた。
神の意に添《そ》わぬものであるにもかかわらず
心の中の言い表せないものは、すべて叶えられた。
私はあらゆる人の中で、もっとも豊かに祝福されたのだ。

J・ロジャー・ルーシーという神父さまがお書きになったものだと聞きました。

わたしに力が備えられなかったのは、得意になって力を誇示しないため。常に謙虚でいるようにという、神の計《はか》らいであったのだということを知りました。進学校に入学したのに、肺結核にかかって受験戦争から戦線離脱されられたのは、より良きことをさせてもらうためでした。

…お金を持っていれば幸せになれる…という幻想を持たず、心の豊かさを求める賢明な生きかたを貫くために、貧しくあれというのですね。

成功すれば得意になり、慢心し、感謝することを忘れ、人を見下すわたしを、よーくご存知であるゆえに、失敗を繰《く》り返させるのですね。

あらゆることを喜べるわたしであるためには、生命こそが必要だったのですね。神は…わたしの本能を満足させるだけの望み、浅はかな欲求、我欲が求めていたものは、一つとして与えてはくださいませんでした。けれど、本源のわたし、日常を超えた高次のわたしの願いはお聞き届けになります。つまり、わたしが進化するために必要のないものは与えず、進化するために必要なものはすべてお与えになるのです。

与えられた多くのものに目を遣《や》りながら…わたしはまだまだ祝福されていないのだなあ…と思います。こんなにも多くの物を与えられているわたし…これらをとりあげられたら、今のわたしは生きていくことができない…ということを、よーくご存知なのです。いつになったら、これほど多くの物を必要としないわたしになれるでしょうか…。

ルーシー神父さまはこんなにも与えられなかった…それほどまで神に愛された、まことに、まことに進化された方だったのですね。

もうすぐ冬…

しっかりと自分の実をつける

人生を変える力

若いとき、わたしはよく落ち込むことがありました。大きな失敗をしては「もう何もできない！」と自信を失い、ひどい醜態《しゅうたい》を見せては「二度と人前に出たくない！」と絶望し、人に取り返しのつかない迷惑をかけては「もう立ち上がることはできない」と嘆《なげ》き…飽きもせず、そんなことを繰《く》り返していたのです。

ある日わたしは…決意したことをやり通すことができない…意志の弱い自分を嘆いて、友人に連綿《れんめん》と歎《なげ》きつづけました。すると友人がこう言ったのです。

「へえー、あなたはできると思っていたの？　それでがっかりしているの？　あなたが意志の弱い人だっていうこと、わたし知ってたわよ。だって、あなたが決めたことをやり通したことなんて、わたし見たことないもの。だから今度もぜーんぜん驚かない。やっぱりね、と思うだけ。だから、がっかりなんてしないわ。がっかりしているのはあなただけよ。

あなたは自分が意志が弱いっていうこと、知らなかったの？　へえー、そうなんだ！　わたしにとっては、それこそが驚きだわ！」

わたしがそのとき何をしようと決めたのか、どうしてできなかったのか…記憶は遥《はる》かかなたに消えてしまいました。けれど、友人のことばは、忘れようとしても忘れられません。そのとき彼女が身に付けていた服、彼女のヘアスタイル、表情までも鮮明に覚えています。そして受けた衝撃も…。

…わたしはもともと意志が弱く、決めたことをやりぬく力なんて持っていなかったんだ。そうなんだ、わたしは意志が弱い人間なんだ…。

…あなたは自分が思っているほどの者ではないのよ…それをみんなは知っているのよ…知らないのはあなただけ…あなたが見ていた自分はただの虚像！…あなたの思い込み…あなたは自分で考えているほどの人間ではないのよ…できないと言って落ち込むなんて笑止千万！…できないのは当りまえ！…あなたは自惚《うぬぼ》れ屋…

彼女が指摘したことは、そういうことでした。

ひどいことを言う！　傷口をむりやりこじあけられたような気持ちになりました。とても大切にしていた友人の辛《しん》らつなことばに、わたしは打ちのめされました。立ち上がれないほどのショックを受けました。

それからしばらくの間、友人のことばは毎日まいにち、心のなかで大きく響き、わたしはそのたびに反発し、憤《いきどお》り、嘆いていました。…ところが日が経つにつれて、そのことばに聞き入っている、もう一人の自分がいることに気づきました。

そして…その通りだわ。わたしは自惚《うぬぼ》れていたんだわ。できるって過信していたんだわ。だから、できない自分に落胆したんだわ。これがわたしの真の姿なんだから、できなくて当たり前。落ち込む必要なんてないんだわ…もう一人のわたしは深く頷《うなず》いたのです。

「聞きたくない！　もう、たくさん！」と言って耳をふさごうとしていたわたしではないもう一人のわたしは、必死になって彼女のことばに耳を傾けたに違いありません。

こうしてようやくわたしは…彼女が指摘してくれた真実を受け入れよう…と思えるようになりました。そして、できない自分を「当たり前」と言って受け止めよう、失敗した自分を許そう、逃げる自分を「しようがない」と笑いとばそう…と決めたのでした。

それから40年の月日が経ち…できない自分を受け入れることができるようになったら…生きることはなんと楽しいことか！

「落ち込むのは自惚れている証拠！」と言いきり、落ちこんでいるわたしを、さらに谷底に蹴落《けおと》してくれた友人に感謝！

彼女のことばは、実にわたしの人生を大きく変える力となったのでした。

広い空と広い大地、葉は吹かれるままに身をゆらす

すてきなおまじない

これまでわたしは求めて、求めて…そして求められて、求められて生きていました。自分が自分に求め、他者にも求め、そしてわたし自身も他者に求められて…無理に無理をかさねて生きてきたような気がします。求めても得られない不満と、怒り。求められても応《こた》えることのできない焦燥《しょうそう》と不安を感じながら生きてきたのでした。

わたしがこれまで抱えてきた多くの苦悩は、「求めても得られない」こと、そして、「求められているのに応えられない」ことにあったのだと、今つくづく思いかえしています。

たくさんの方がわたしの本を読んでくださり、「ひびきの村」を訪ねてくださいます。とてもうれしく、ありがたいのですが、中にはわたしを「できた人」つまり…穏やかな人、やさしい人、忍耐強い人、許せる人、平静な人、理解のある人、愛深い人、洞察力のある人、率先して仕事をする人、正しい判断ができる人…「完璧で理想の人間」だと思い違いをしている方がいます。そして、人一倍欠点や弱点を持つ、真のわたしの姿を知って落胆し、悲しみ、憤《いきどお》って去っていったのでした。

以前は、「どうしてそんなに求めるの？　わたしは普通の人間よ。わたしにそんなに多くを求めないで！」わたしは憮然《ぶぜん》とし、連れ合いに八つ当たりして言いつのっていました。彼は「分かっているよ。ぼくはあなたになーんにも求めていないよ」と言っているのに…。

期待に応えられない自分が情けなくて、悲しくて…自分に腹を立て、自分を許せなくて苦しみました。「自分はできるはずだ」と信じ、自惚《うぬぼ》れて落ち込む…それを繰り返していました。

けれど、自惚れていた自分に目覚め、力のない自分に気がつき、だめな自分を認め…今わたしは、「わたしにそんなに求めないで！」と開き直っています。

その代わり、わたしもだれにも、何も「求めない」と決めました。子どもに求めない。連れ合いに求めない。同僚にも、友人にも求めない。他者に、社会に、世界に求めない。精神界の存在たちにも、神にも求めない…と決めたのです。

以前は…息子がわたしの期待に応えてくれないことがあると「どうして？　どうしてわたしの言うとおりにしてくれないの？」と嘆いていました。「もっと分かるように説明して！　あなたはわたしのことを考えていないから、わたしが分かるように話してくれないんじゃない？　あなたは自分さえ分かっていればいいんでしょ！　それって、ずいぶん利己主義よ！」と、連れ合いに腹をたて、責め立てていました。「しょうがないなあ、仕事は報告しなければ終ったことになら

ないのよ。じゃないと、終わったかどうか分からないから先に進められないわよね」…仕事の報告を忘れている若いスタッフに向かって「いつも言っているのに…」と、ぶつくさ文句を言っていました。けれどありがたいことに、近頃は霊験あらたかなおまじないを授かったのです。内緒で教えてあげましょうか。

「求めない！」「求めない！」「求めない！」…すてきなことばだと思いませんか？ このおまじないを三回唱《とな》えると、「まっ、いいか！」と思えるから不思議です。このおまじないを唱えると、落胆することもありませんし、自他共に責めることも、腹を立てることも、叱り飛ばすこともしなくて済みます。

自分を許すことにしたのですから、人も許さなきゃ…ね。

学校でも同じこと。求められていないと知ると子どもは安心します。そして落ちつき、いきいきとし、自信を持って話し行動するようになります。

わたしが自分に求めなくなり、みんなにも求めなくなったら…「ひびきの村」はとっても穏やかになりました。わたしがいちばん求めていたのですね。

今日も出かける前に、「求めない！」「求めない！」「求めない！」と三回唱《とな》えることを忘れないようにしましょう！

決めてもできない、決めたからできない、わたしがいる…言うに及ばず…ですね。

道…先に求めず…歩いてゆく

普通に生きる

わたしの友人に三人の子どもを育てている人がいました。車は運転せず、エコ袋なんて騒がれる三十年以上も前から、大きな布製の袋をさげ、「毎日よく歩くから、サンダルがすぐ減ってしまうわ」と笑いながら、歩いて買い物に行っていました。だから、買い物は手に下げられるだけ。

わたしたちが知り合ったころ、ふたりは同い年の三十五歳でした。わたしはボランティアをしたり、通訳をしたり、子どもたちに英語を教えたり、ＰＴＡの役員を引き受けて、忙しく過ごしていました。そして、疲れると彼女の家に行ってはおしゃべりを楽しんでいたのです。

特に手の込んだ料理をするわけでもなく、しゃれたインテリアに囲まれているわけでもなく、ごく普通の建売住宅でごく普通の暮しをしている人でした。

チャイムを鳴らすと、化粧もせず、流行とは縁遠い服を身に着け、ヘアスタイルも平凡な彼女が「はーい」と返事をして出てきます。「退屈もせず、今日も家に

いたんだ」…屈託《くったく》のない彼女の笑顔を見ると、なんとはなしにため息が出るのでした。

「この本読んでみない？」興味をそそられる本を見つけてすすめても、ちょっと手にとって表紙を見るだけ。「わたしはいいわ」と押し返してきます。「新聞を読んでいたら、世の中のことはだいたい分かるから。それで十分」そうサラリと言う彼女は、ことばどおり実に世の中のことを知っていて、よく考え、自分の意見を持っていました。

「チケットが手に入ったの。コンサートに行かない？」「わたしはいいわ」どんなコンサートなのか、誰が演奏するのか、いつなのか、そんなことを尋《たず》ねることもなく、彼女は断ります。端《はな》からコンサートに行くつもりなんてないのでしょう。

「ねえ、とてもしゃれたレストランができたの。ランチ安いから食べに行きましょうよ」と誘っても、「いいわよ、他の人と行っていらっしゃい。わたしは自分でつくる長崎ちゃんぽんがいちばん！」郷土料理がだい好き、と言うのでした。

本も読まない、コンサートにも行かない、映画も見ない、出かけて友達とお茶するでもない…およそ、わたしとは正反対の生き方をしている彼女に…「かなわないなあ」と、わたしはいつも心の内でつぶやいていたのです。

…彼女のような平凡な暮しを望んでいないのに…彼女のような暮しを良いと思っているはずはないのに…「彼女すごいなあ、かなわないなあ」と感じていたのです。

それでも、「わたし引き受けることにしたの。だから、あなたもいっしょにしましょうよ。くにこちゃんが卒園したら、もう幼稚園とも縁がなくなるんだから。あなたのところは三人も世話になったのだから…ね、お願い」と粘《ねば》って、粘って…ようやくいっしょに、幼稚園の父母会の役員を務めたことがありました。

それでも「わたしは平《ひら》がいい」と言い張り、彼女はいつも隅《すみ》にいてほとんど発言せずにいたのです。会議が終わってから彼女の家に寄り、彼女の意見や感想を聞くことを、わたしはいつでも楽しみにしていました。彼女の考えは的確で、言われてみれば当り前。「なーるほど」と思わせることばかりだったのです。

「そんなこと考えていたんだったら、発言すればよかったのに」と言うわたしに、「いいの、いいの。わたしが言っても言わなくても結果は同じなのだから」…そうは考えないわたしは、時おり「事なかれ主義でいやねえ」と感じることがありました。

けれど、わたしは考え込んでしまったのです。…言っても言わなくても同じなら、言わない？　してもしなくても同じなら、しない？……。

何のためにに咲く？

誰のためにに咲く？

天意のままに生きたい

…もし、みんなの総意で決めたことが間違っていたら、いずれそれを正すようなことが起きるだろうし、そのとき、わたしの考えが必要とされるなら話そうと思う。いえ、そのときはわたしが話さなくても、正しいことが示されているはずだから、みんな分かっているはずよ…それが彼女の考え方でした。そして、彼女はその考え方に沿う生き方を貫いていたのです。彼女の生き方こそが「天意のまま生きる」ということなのでしょうか。

「なんて潔《いさぎよ》い生き方なんだろう！」「いいなあ、そんな生き方ができるなんて！」…そんな生き方ができたら、きっと苦悩も困難も少ない人生をおくれることだろう…そうは思っても、当時のわたしにはできませんでした。正直に言えば、そうしたいとも思っていなかったのです。当時のわたしはもっと活気のある、もっと刺激的な人生をおくりたいと望んでいました。けれど、心の奥深いところで、彼女の在り方に限りなく憧《あこが》れ、彼女の生き方こそが尊く、人として真っ当であると感じていたのです。

それからおよそ三十年経った今、わたしは心の底から「天意のままに生きたい」と願っています。そうして歩きはじめた道は、おそらく物心ついたときから彼女が歩きつづけてきたであろう道と、ようやく重なってきたように思えるのです。

わたし自身が考えて決めたことではない、わたしの身に起きるすべてのことを「天意」であると受け入れたい。そして願わくば、わたし自身が考えて決めたことも「天意」でありますように…。

これまでわたしは、わたしにとって好都合なこと、喜ばしいこと、楽しいこと、心躍《おど》ること、嬉しいことだけをありがたく受け入れてきました。そして、わたしにとって不都合なこと、不如意《ふにょい》なこと、困難なこと、悩ましいことを受け入れることができませんでした。けれど、彼女に遅れること三十年…不都合なことが起きたとき、思惑どおりに事が運ばなかったとき…ひとしきり落胆し、悩み、苦しみ、悲しみ、時に恨《うら》んだ後に…「ああ、ありがたい。間違ったことをしなくて済んだ！　もし、わたしの思うとおりに事が運んでいたら、大変なことになっていたにちがいない。ほんとうに良かった！」…ようやくそう思えるようになりました。

そしてまた、わたしの内の何が天意に叶《かな》っていなかったのかを考えることもできるようになりました。「決めた動機と目的」は天意に叶っていただろうか？「決めたこと」それ自身は？　行《おこな》った「過程」は？　行って得た「結果」は天意

に叶っていたのか？　あるいは、結果に向き合うわたしの「態度」は？

わたしの望むようにならなかったどんな場合も…「我欲」を持っていたことが分かります。「楽をしたい」「認められたい」「利益を得たい」「人を喜ばせたい」「力をつけたい」「好意を持たれたい」…そんなことを望みながら決めたこと、計画したこと、行《おこな》ったことは「天意」によって、不如意《ふにょい》に終わっていました。ありがたいことです。

嬉しいこと、楽しいこと、わくわくすることも…有頂天にならず、奢《おご》ることもなく、すべてを「天意」と受け入れたいと願っています。

ただ、これから先にもっと、もっと困難なことが起きたとき、それをも「天意」として受け入れることができるのか…世界で起きるすべてを「天意」と考えられるのか…定かではないこと、分からないことはまだまだあります。

ただ、これまで世界でどんなことが起ころうとも、人類は進化し続けてきた…ということだけには確信が持てます。

あした世界で起きることを、夕やけ空は知っている？

ウィンディーヒルズファーム

レインボーカフェ

長い道のりを歩いて

八十六歳になった母の姿を見ていると…人は身体が衰えても、心の働きは衰えないものなのか…と思います。それは…母が口にすることばの殆《ほとん》どが、心が欲するように、身体が動かない苛立《いらだ》ちから発しているように感じるからです。…ほんとうに無理からぬこと…と心から気の毒に思いながら、周囲の者はどうすることもできません。

腰痛があるために、母はゆっくりとしか歩けません。足早に歩くわたしを見るたびに、「いいわねえ、あなたは早く歩けて…」と大きなため息をつきます。母といっしょに外に出たときにはもちろん母の歩調に合わせるのですが、家の中ではうっかり母の気持ちを慮《おもんばか》ることなく歩いていたことに気づきます。

「どうしてこんなに節節《ふしぶし》が痛むのかしら？」「どうしてこんなに手があがらないのかしら？」「どうしてこんなに忘れるのかしら？」…「どうして？」「どうして？」と、身体が思うように動かないことに、母は得心《とくしん》がいかない様子です。

「銀座の「鹿《か》の子《こ》」のあんみつを食べに行きたい、そして帰りには「鳩居堂《きゅうきょどう》」へ寄って好きな香を買いたい」と口癖《くちぐせ》のように言う母の前で…映画を観た、コンサートに行った、友達とお茶した…など、楽しい話は厳禁です。そんな話を耳に

いちめんの落ち葉、土に還ってゆく…

したとたんに、母の顔がくもります。

「いいわねえ、あなたは好きなことができて！」…母は何気なく口にしているのでしょうが…わたしはこんな身体で、どこにも容易に出かけられないのに…暗にそう言われているように感じ…おかあさん、あなたも若いときには好きな所に出かけ、好きなことをしたんでしょ。歳をとったらだれでも身体が動かなくなるわ…と、わたしは思わず知らず心のなかで呟《つぶや》きます。

「少ししか食べられなくなったから…」と言って、口に合うものだけを食べる母を見ていると…しかたがない…と思いながら…こんなに肉体が衰えてもなお、心は求めるのだなあ…と、複雑な思いにとらわれます。

　自分の思いのままに身体を動かしたいと願いながら叶えられず、それを受け入れることができず、母は日夜苦しんでいます。身体が衰えるときには、人の心も枯れてゆき、欲し、求める気持ちが少なくなるといいのになあ、とつくづく思います。

　昨年、次男といっしょにヨーロッパに出張したときのことでした。身支度するとき、食事をするとき、移動するとき、いつでもわたしは彼を待たせていることに気づきました。もたもたと靴を履《は》いているわたしの姿を、彼は見て見ぬふりをしていました。彼はわたしの歩調に合わせてゆっくり歩いてくれていました。結論が出るまで時間がかかるわたしの話を、ときどき遠くに目をやりながら、根気よく聞いてくれてもいました。…かあちゃんは何をするにもこんなに時間がかかるんだね。ずいぶん歳をとったんだなあ…彼の心の中から、そんな呟《つぶや》きが聞こえてくるようでした。

それまでわたしは、身のこなしが遅くなったことにも、くどくど話すようになったことにも、ゆっくりになった歩調にも、気づくことがありませんでした。自分のことは分からないものです。

雪がちらつくバーゼルのホームで列車を待っている間…気遣ってくれる次男の気持ちをありがたいと感謝しながら…わたしは歳をとったのだ。だから早く動くことができないし、要領の悪い話し方をするようになったのだ…その事実を強く、つよく心に刻《きざ》もうと決めたのでした。

そしてその旅は同時に、「ひびきの村」の代表を退《しりぞ》く準備をしよう、と考えはじめた旅にもなったのです。

飛んできて積もった火山石

春のおとずれを待ちながら…

老いの知らせ

母を見ていると、彼女たちの世代の人は、「老いる」ことについて十分考える機会を持たなかったのだなあと、つくづく思います。「老いる」ことがどんなことであるか、人は「老いる」とどうなるのか、「老いて」どう生きるか、と考えることはとても大切なことなのに…。

大正末期に生まれた彼らが社会の中で重要な役を担っていた頃、日本人の平均寿命は六十三歳でした。彼らの身近に、八十歳を越える老人は今ほど多くはいなかったことでしょう。ですから、年老いた人の姿と、自分自身の老いの姿を重ねあわせて想像することはなかったのだと思います。…自分が歳をとったときのことを考え、その姿を想像し、それを受け入れるために心を整える機会を持たなかった…そう考えると、母をはじめ、母の年代の人たちを気の毒だなあと心から思うのです。

今彼女たちと共に生き、彼女たちの姿をとおして「老いる」ことについて考え、「老いて生きる」ため

の準備をする機会を与えられているわたしたちは幸運だと感じます。

「ああ、わたしは老いていっているんだ」「死に近づいているのだ」と、はじめて感じたのは五十歳を過ぎた頃でした。

ある日の夕暮れどき、いつものようにハーブ・ガーデンに出かけました。楡《にれ》の大木のぐるりにしつらえられたベンチに腰をおろすと、フェンネル※のつんとした匂《にお》いが流れてきました。傾き始めた太陽の残り火のような熱が、わたしの身体をほっこりとあたためてくれます。カモが二羽、ギシギシという羽音をさせながら塒《ねぐら》をめざして飛んでいきました。水音もきこえます。そのとき風が吹いて、わたしの髪がゆれました。

…ああ、わたしの身体が世界を感じている！　ふいに涙がこぼれました。わたしは生きている。だから身体の感覚器官をとおして、今こうして世界を感じているのだ…太陽の熱を感じ、ハーブの香りを嗅《か》ぎ、飛ぶ鳥を見、その羽音を聞き、風に吹かれることができるのだ。身体がなくなったら、こうして世界を感じることはできなくなる…。

そんなことを考えたのは生まれてはじめてでした。それが真実なのだ。世界のだれにとっても厳然とした真実なのだ…こぼれた涙は悲しみの涙ではありませんでした。わたしはその動かしがたい真実に、言いようもないほどの感動をおぼえたのです。そして、その真実を受け入れることができた自分自身にもまた、心を

※フェンネル（fennel）ういきょう（茴香）セリ科の多年草。薬用、香辛料植物。

大きく動かされたのでした。

今もなお、あの瞬間《とき》のまわりの景色と、身体が感じた一つひとつの感覚を忘れることはありません。

それから間もなく、身体の機能に変化が生じました。更年期を迎えたのでした。わたしの身体が女性としての機能を果し終えるためのプロセスは、およそ三年をかけて行われました。「老いてゆく」現実に向き合わされた、壮絶な体験でした。ようやく更年期をやり過ごすと、すぐに身体のあちこちが強《こわ》ばり始めました。朝、寝床から起き上がり、身体を動かすと、節節《ふしぶし》が痛みます。…ああ、いよいよ身体が硬化し始めたのだ…と、心がふるえました。身体をすばやく動かすことができなくなり、さまざまな反応がにぶくなりはじめたのは、その頃からだったように思います。

ハーブ・ガーデンでのできごとがなかったら、わたしは「老いてゆく」ことを、潔《いさぎよ》しとしなかったかもしれません。「老いてゆく」ことを、受け入れがたいと感じたかもしれません。これが「老いてゆく」ことなんだと、身体に起きた事実を認めることができなかったかもしれません。

ありがたいことに…こうしてわたしに「知らせ」が届けられたのでした。

別れを惜しむ心

老いると身体はどうなるのか？　心はどのように変わるのか？　精神は？

わたしは若い人たちに、「老いること」について伝えたいと考えています。自分が老いてゆくありさまを、若い人たちに余すことなく示したいと願っています。すべての人が「老い」に逆らうことなく、「老い」を自然に迎え入れることができるために…。

「老いること」は、生物として自然のなりゆき。生命あるものすべてが「老い」、「衰え」、「死」を迎えます。それは、植物も動物も、そしてこの世に生まれたすべての人に訪れる事実なのです。だれもが体験する現実なのです。

それなのに、人は「老いること」をどうしてこんなにも怖れ、忌《い》み、嫌うのでしょうか。かく言うわたしも、ルドルフ・シュタイナーの死生観を学び、それをわたし自身のものとするまで「老いること」「死ぬこと」を、とても怖れていました。なぜなら、「死」がどんなものであるのか、「死んだら」どうなるのか、「死んだら」どこへゆくのか…それが分からなかったからです。考えても、考え

フローフォーム
流れながら宇宙の力をとりこんで…

ても分からず、分からないゆえになお恐ろしく…ついには考えることを止め、目を背《そむ》けてしまったこともありました。

「老いること」は「死」に近づくこと…「死」後の世界は未知の世界…知らない、分からない…だから不安、怖い…怖いことには目をそむけたい、向き合いたくない…それ故、人は「死」について考えない…のではないでしょうか。

　であるのなら「死」を真に理解し、「死」を恐ろしいことだと感じなくなったとき、わたしたちは「老いること」を受け入れることができる、と考えられますね。

　わたしがルドルフ・シュタイナーから学んだことの一つは…人は輪廻《りんね》転生《てんしょう》を繰《く》り返しながら進化を遂《と》げる…ということでした。進化するためにこそ、人はこの世に生まれてくる。そして、生まれる前に自ら決めてきた進化のプロセスを終えたとき、人はこの世を去るのだ…と、シュタイナーは言います。

　学んだことの二つ目は…この世へ誕生することは即ち、あの世での「死」であり、この世で「死を迎えること」は、あの世に誕生することである…ということでした。

　もし、あの世の人たち（わたしたちもかつてはあの世の人たちであったし、またこれから何度もあの世の人たちになるのです）が地球で生きるわたしたちと同じように、「老いること」「死ぬこと」を怖れ、忌み、嫌っているのであれば、彼らもまたこの世に生まれてくることを、嘆《なげ》いているにちがいありません。わたしたちがこれほど執着しているこの世界を…。

瞑想《めいそう》をしているとき…身体の感覚がうすれます。呼吸していることを殆《ほとん》ど感じないことがあります。ただ静かで、穏やかで、安らかで…身体がなく、感情もなく、考えもなく…精神だけの存在とはこういうものなのか…と、ほんの少しだけ体験することがあります。

「ああ、死んで身体がなくなったら、こんなふうになるのか」…近頃、わたしはこう感じ、こう考えるようになりました。

太陽のぬくもり、月の輝き、星星《ほしぼし》のきらめき、風のつめたさ、ひらひら舞う雪、流れる雲、鳥のさえずり、風に揺《ゆ》れる花花《はなばな》、とうとうと流れる川の水、しぶきをあげる波…この世の美しいものと別れを惜しむ心は、もちろんあります。愛《いと》しい人、大切な人、かけがえのない人と共にいたいという気持ちも捨てきれません。

けれど、それも徐徐《じょじょ》に少なくなっていくだろう…「老いる」とは、そういうことなのだと、今はありがたい気持ちでいっぱいです。

馬と人と風と光と…

子どもを待っているツリーハウス…静かに

悲しむ心をからっぽにする

深い悲しみに満たされて目が覚めました。昨日、特に悲しいできごとがあったわけでもなく、昨夜眠るまえに悲しいことを考えていたわけでもなく、悲しい夢を見た覚えもないのに…目が覚めると心が悲しみでいっぱいになっていたのです。そして悲しみは涙となってあふれ出てくるのでした。

どうしてもこらえきれず、声をだして泣き続けました。…実を言うと、この頃、わたしの心はいつも悲しみでいっぱいに満たされているのです。この三年の間に、大切にしていた人たちを一時《いっとき》に失ってしまって…。

ですから、いつも静かに暮らすように努めていました。すこしでも心が揺《ゆ》らぐと、悲しみは涙になってあふれ出てしまうから…。ですから心が揺《ゆ》れることがないように、そっとそっと気をつけて暮らして

夕空はあなたに、どんな光を届けますか？

いるのです。

それなのに…眠っている間に何があったのでしょう？　どうして心が揺れたのでしょう？　だれかに揺さぶられたのでしょうか。心が揺さぶられるようなことが起きたのでしょうか？…思い当たることはさっぱりありません。

こんなとき、わたしはひとしきり泣くことにしています。心を思い切りゆさゆさと揺さぶって悲しみをこぼし、心をからっぽにするにかぎります。ですから、今朝も長い間泣きつづけました。そしてようやく、すこしだけ落ち着くことができたのでした。

身づくろいをすませてから瞑想《めいそう》をし、お祈りをし…心にまだ少しだけ残っていた悲しみを天に渡しました。すると、悲しみの質が変わったように感じました。それまでは、ただ、ただ、わたしの悲しみであったものが、世界の悲しみ、地球上に暮らしているすべての人の悲しみと同化したように思えました。わたしだけのものだった悲しみが、世界の悲しみと溶けあって一つになったように感じたのです。

…わたしの目の前から去った愛《いと》しい人たちを、わたしは「失った」と思い込んでいるけれど、彼らは単にわたしがいる場所から他の場所に移っただけ。離れてはいても彼らは存在している…あの世にも、この地上にも…。

それなのになぜ、わたしはそれを悲しいと感じるのでしょう？　なぜ、辛いと感じるのでしょう？

それはわたしが利己主義者だから…愛する人にそばにいて欲しいから…この目でその姿を見、この耳でその笑い声を聞き、ことばを交わし、手を取り合い、ほほえみ合って…そうして共に生きてゆきたいから…。

それからわたしは…紅茶をいつもより濃いめに淹《い》れて、ミルクを注ぎ…ゆっくり時間をかけて飲み…仕事をするためにパソコンの前にすわりました。

友人からメールが届いていました。そこには「祐子さんが夢に出てきました。深く苦労されているようでした。目が覚めたらあなたのことを思って泣いていました」と書かれていました。

彼女だって大きな悲しみを抱えているのに…それなのに、彼女はわたしの悲しみを悲しんでくれているのでした。わたしの悲しみや苦しみ、嘆きを、こうして共に負ってくれている人がいる…わたしも、わたしの悲しみを悲しむだけではなく、他者の悲しみと世界の悲しみを、わたし自身の悲しみとできるようになりたい…そう心から願いながら…今日も静かに暮らしましょう。

遠い日の思い出がよみがえる…

高ーい空と白ーい雪

まっ白な丘

葉がなくとも、実がなくとも…まっすぐに立つ

喜びを探す遊び

…でも、悲しいとき、苦しいとき、辛いとき、喜ぶことなんてできませんよ。祐子さん、そんなときでもあなたは喜ぶことができるのですか？…。

そうですねえ。悲しいこと、辛いこと、苦しいこと…たくさんありますねえ。いつもすべてが首尾よくいっている訳ではありませんものねえ。けれど、あらゆることを喜ぶ秘訣があるのですよ。

「喜びの天使・パレアナ」という物語をご存知ですか。わたしがパレアナと出会ったのは小学二年生の春だったでしょうか。

パレアナは牧師の娘。お母さんが早く亡くなり、お父さんと二人で暮らしていました。心躍《おど》ることの少ない生活の中で、慈善団体から送られてくるクリスマスのプレゼントを、パレアナはことのほか楽しみにしていたのです。

パレアナは九歳になりました。クラスメートが持っているかわいいお人形が欲しくてたまりません。そして…今年のクリスマスには、お人形のプレゼントが届きますように…と神さまに一心に祈りつづけていたのでした。

クリスマスがやってきました。胸をときめかせて受け取ったプレゼントは…杖《つえ》が一本…。パレアナは大声をあげて泣きました。するとお父さんが言いました。

「パレアナ、このプレゼントを喜ぶ方法があるよ。杖を使わなくても歩ける足があることを喜ぶのさ」

そのときからパレアナはお父さんといっしょに、どんなものの中にも、どんなことの中にも、喜びを探す練習を始めたのです。そして、それを「喜びを探す遊び」と名づけました。

お母さんがいないことを悲しく思ったとき…お父さんがいてくれてよかったと喜びました。夕ご飯がたった一切れのパンとスープだったとき…スープがあたたかくてうれしい、と喜びました。雨が降って外へ出られなかったとき…雨に濡《ぬ》れない家があってよかった、と喜びました。お父さんが出かけて一人ぼっちのとき…待っていれば帰ってくるお父さんがいることを喜びました。

ある日パレアナは、「喜ぶ」ことができないばかりに、悲しく、苦しく、辛い気持ちで暮らしている人が、彼女のまわりにたくさんいることに気がつきました。「そうだ、その人たちといっしょに『喜びを探す遊び』を始めよう」とパレアナは決めました。

病弱で寝てばかりいることを嘆くおばあさんには、窓から美しい空を見ることができる喜びを。腰が痛いと不平を言い募《つの》るおじいさんには、痛まない手がある喜びを。お金がないことをこぼす五人の子持ちの母親には、お金を払わなくてもたくさん出るおっぱいがある喜びを。息子が手伝わないと怒る農家のおじさんには、よく働く馬を持っている喜びを…いっしょに探したのでした。

こうして、いつしか町中の人が「喜びを探す遊び」に夢中になり、不平や不満を言う人が少なくなっていきました。そしてその町に暮らす人はいつもで、どこでも喜びを探しながら、明るい心で暮らすようになったということです。

わたしは、喜びを探すパレアナからどれほど勇気をもらったことか！　それから今まで、わたしはこの「喜びを探す遊び」に支えられ、助けられ、鼓舞《こぶ》されて生きてきたように思います。

…それでも滅入《めい》った気分が晴れないときはありませんでしたか?…そうですね。正直に言いますと、どんなに努力しても「喜びを見つける」ことができないときがありました。それは今振り返っても…人生のどん底にいた…と感じるときでした。そのとき…そんなわたしのために祈ってくれた人がいた…天が助けてくれた…長いときが過ぎた今、そう感じているのですよ。

演劇・星の子

樅の木の枝とりんごとろうそく

心の声のひびくままに

ヨーランが十六歳になったとき、「おまえが世に出て行くときがきた」と父親はヨーランに告げました。そこでヨーランは、父親から与えられたするどい剣《つるぎ》と鉄の鎧《よろい》兜《かぶと》を身につけ、金貨の入った皮袋を持って白毛の馬に乗り、家を出ました。

しばらく行くと、「愛する人が他の人と結婚してしまう！　それを止めるために急がなければならないのに、わたしの馬は年寄りで、もうこれ以上走れないのです」と嘆いている若者に出会いました。「わたしよりあなたのほうが、この馬を必要としているようだ」…そう言うと、ヨーランは自分の立派な馬を若者に与え、年老いた馬をもらい受けて旅を続けました。

しばらく行くと、戦争で家を焼かれ、盗賊を恐れながら旅している一家に出会いました。ヨーランは「たいせつな家族を守るように」と言って父親に剣を与え、代わりに父親がもっていた木の杖《つえ》を受け取りました。

またしばらく行くと、一軒の家の前にでました。戸口の階段におばあさんが腰を下ろして両手で頭をかかえています。おばあさんは「明日までに税を払わなければ、この家を追い出されてしまう」と嘆いているのでした。ヨーランは「このお金が役立ちそうだ。さあ、受け取ってください」そう言っておばあさんに金貨の入った皮袋を渡しました。おばあさんはお礼に、赤い十字の刺繍《ししゅう》がほどこされたハンカチをヨーランの首に巻きました。

さて、年老いた馬に乗ってゆっくりと旅をつづけたヨーランは、海岸にでました。そこに海獣《かいじゅう》があらわれ、ヨーランにむかって毒を含んだ息を吹きかけました。ヨーランはあっという間に吹き飛ばされて、気がついたときには、一人の美しい女の人に介抱されてベッドに横たわっていたのでした。「首に巻いていたハンカチがあなたの鼻と口をふさぎ、あなたは毒を吸い込まずに助かったのですよ」と静かに話すその女の人のなんと美しいこと！　ヨーランの心はすっかり虜《とりこ》になってしまいました。

その女の人は、その国を治める王さまの一人娘でした。人々の平和な暮しを守るために、その国では毎年みつぎものとして、若い女の人を海獣に捧《ささ》げなければなりませんでした。国中の女の人がくじを引いた結果、お姫さまがその年のみつぎものとなることが決まりました。王さまはたいそう嘆き、「海獣を打ち倒した者には、娘とじぶんの持っているすべての物を与えよう」というおふれを出しました。

お姫さまを助けるために、その海獣を倒そうと決意したヨーランは年老いた馬に乗り、木の杖を手にし、首にハンカチを巻いて海岸にむかいました。ヨーラン

ベルクワイアー

が海獣とむきあったその瞬間、ひとすじのまばゆい光がヨーランにふりそそぎました。すると、みすぼらしい外套《がいとう》とズボンは金の鎧《よろい》に、杖は鉄の剣《つるぎ》に、年老いた馬はビロードのように輝く白毛の若駒に変わりました。馬は力強く大地をけると海獣にむかい、蹄《ひづめ》で海獣をけりとばしました。そこへすかさずヨーランがかけよって、倒れた怪獣を剣で一突きすると…怪獣は息絶えました。

翌朝、陽がのぼるまえに、ヨーランはしずかに町を去っていきました…心の声がひびくままに…食べ物をいれた袋を一つだけもって…お姫さまが、その町に住む貧しい青年を心から愛していることを知ったからです。

「聖ヨーランの伝説」という物語です。かつてわたしは愛する人を、自分のものにしたいと願ったことがありました。願いが叶えられないと知ったとき、運命を呪《のろ》い嘆きました。今、子どもたちに「聖ヨーランの伝説」を語りながら、運命がわたしの邪《よこしま》な望みを成就《じょうじゅ》させなかったことに、心から安堵《あんど》し、感謝しています。

それでもわたしは、「心の声のひびくままに」生きることを困難に感じることがあります。心の声は、いつでもわたしに困難な選択を迫るからです。いつになったらヨーランのような生き方ができるのか…諦《あきら》めず、そうできるようになることをただ、ただ強く願い、祈りつづけるしかありません。地球期※がおわるころには、すべての人がヨーランのように生きることができるようになる…それが約束されているのですから。

※地球期
人類がこの地球上で生きる期間

ラファエル・スクールの教師たち

ラファエル・スクールの教室

「ひびきの村」の使命

「悲しむ心をからっぽにする」の中にも書きましたが、この五年半の間、わたしは鬱鬱《うつうつ》として気分が晴れない日日《ひび》を過ごしてきました。ふつうに仕事をし、ふつうに冗談を言い、ふつうに食べ、ふつうに眠っていましたから、わたしが鬱鬱として晴れない気持ちを抱えていることを、だれ一人気がつかなかったことでしょう。

けれど、わたしは知っていました。そして…どうしてだろう？　どうしてわたしの心はこんなに鬱鬱として晴れないんだろう？…と訝《いぶか》しく思いながら、ともかくしなければならないことだけはしていました。この美しく雄大な自然のなかで、孫たちと過ごす時間だけがわたしの慰めでした。

わたしの心が晴れないそのわけが、すこしずつ明らかになってきました。それは…「いずみの学校」※を去ったから…他の理由は考えられませんでした。シュタイナー学校をつくることは、長い間もちつづけていた夢でした。仲間たちと苦労して、苦労してスタートさせた「いずみの学校」を去らなければならなかった…そのことがわたしの気持ちを鬱鬱とさせていたのです。

…最後はわたし自身の意思で決めたのだから、そのことで打撃をうけるなんて

※いずみの学校
1999年に「ひびきの村」で始められたシュタイナー学校。現在は伊達市の隣り、豊浦町に移り、学校法人として活動。

あり得ない。だれのせいでもない、わたしが決めたことなのだから…それに…「いずみの学校」を去った後、わたしにはこんなに素晴らしい場所が与えられたじゃないの！　人智学共同体をつくることができたじゃないの！　志をもつ人といっしょに、シュタイナーの思想を学んで、それを実践しているじゃないの！…畑もある、ミカエル・カレッジもある、ナーサリーもある、キャンプ場もカフェもある、ラファエル・スクールだって始めた…自分に言い聞かせました。けれど、自分の心を欺《あざむ》くことはできなかったのです。

…二年間学べる人は少ないだろうなあ…と覚悟して始めたTT※〈シュタイナー学校とシュタイナー幼稚園の教員養成プログラム〉は予想したとおり、毎年わずかな受講生のためにつづけてきました。シュタイナーの世界観と人間観、そして芸術を学ぶために始めたNAA※〈自然と芸術と人智学を学ぶプログラム〉で学ぶ受講生も、年を追うごとに少なくなってきます。

…どうして？　どうして、こんなにいいプログラムなのに集まらないの？…なぜ人が集まらないのか分かりませんでした。…「ひびきの村」にはいろいろ問題があるから…そう言う人もいました。それはわたし自身に問題があるということ…わたしは追い詰められました。

「ひびきの村」の使命は何なのだろう？　人は、世界は、「ひびきの村」に何を求めているのだろう？　神さまはここでわたしに何をさせようとしているのだろ

※TT：teacher training
※NAA：Nature, Arts & Anthroposophy

う？　人智学を学ぶ場所を創ることではなかったのだろうか？　それを実践することで許してもらえないのだろうか？

…知りたい！　分かりたい！　教えて欲しい！

二〇〇三年春、「ひびきの村」が伊達市街からこの丘の上に移ってきて以来、わたしはずっと考えつづけていました。

静謐《せいひつ》で、穏《おだ》やかで、平和で、美しい…めったにないこんな素晴らしい場所を与えてくださった神さまは…何をすればよいのか…示してくださいませんでした。

こうして五年半のときが経ち、二〇〇八年の冬を迎えました。二〇〇九年度のスケジュールはとっくに決まっていなければならないのに、ミーティングを何度重ねても、結論は出ませんでした。いいえ、出せませんでした。わたし自身が確信を持って決断することができなかったのです。

…わたしは知っているはずだ。生まれてくる前にわたし自身が決めたのだから。それをするために生まれてきたのだから…わたしは分かっているはずでした。だから決めました。…なんとしても思い出す！　ぜったいに思い出す！　今日のうちに。

「ひびきの村」の入り口、わたしたちの始まり

夕映えの中の羊蹄山…いつもそこに在る

心の声のひびくがままに生きる

二〇〇九年一月十四日のことでした。その夜、翌週からはじまる実習の打ち合わせのために、TT（ティーチャートレーニング・プログラム）の受講生ヒデさんが訪ねてきました。「二年生の子どもたちに、どんな『聖人伝説』を話したらいいですか？」と聞かれてすぐに頭にうかんだのは「聖ヨーランの伝説」でした。毎年、ラファエル・スクールの子どもたちが喜んで聞いている物語です。

本文にあるように、それは「心の声のひびくがままに生きよ」という父親のことばを守りぬいた、ヨーランという青年の物語です。「あなた自身がヨーランのように生きようと決意し、そう生きようと努力していたら、子どもたちに伝わると思うわ」…ヒデさんにむかってそう話すわたしに…あなたはどうなの？　これまであなたはヨーランのように生きてきた？　これからも生きようとしているの？…と問いかける鋭い声が聞こえてきました。…ああ、わたしはそうは生きてこなかった。大事なときに、ここぞというときに、わたしは「心の声」に耳をふさぎ、楽な道を選んで

わたし自身をひびかせる

しまった！

…いずみの学校を去る…という選択は、「心の声のひびくがままに生きる」選択ではありませんでした。

「祐子さん、石にかじりついででも残ってください」「人にどんなことを言われても、ここにいるべきです」「わたしたちがもう少し成長するまで、いっしょにいてください」と言ってくれる人もいたのに、わたしは「去る」と決めたのでした。あのとき、「あなたがいる限り、わたしの子どもたちをいずみの学校には行かせません」という手紙が届けられて、わたしは気力も体力も失ってしまったのでした。…それでも、わたしは残るべきだった…。

それまでわたしを導き、支え、力を注いでくれていた大天使が「楽な道を選んだあなたには、わたしの助けは必要ない」と考えて去って行ってしまった！　だから、それ以来、わたしは衝動を失って鬱鬱《うつうつ》と過ごさなければならなかったのだ！　と、ようやく思い至ったのです。

その夜、ヒデさんが帰ってから、わたしは考えつづけました。翌日はスタッフのミーティングがあり、そこでは二〇〇九年度のスケジュールの最終決定をくださなければなりませんでした。

「今年も受講を希望する人が少ないと予想されます。現在願書を出してくださっている方は一人です。入学するために連絡をとりあっている方が十二人いますから、受講生が一人ということはあり得ないと思いますが…」と報告されると、一人のスタッフが尋《たず》ねました。「祐子さん、受講生が一人でも、プログラムはつづけるんですよね」

そのときです！　ひとつの光景が目の前に浮かびました。声もはっきり聞こえてきました。「受講生が一人でもいたら、プログラムを始めます」…それは一九九九年の春、〈自然と芸術と人智学を学ぶプログラム〉を始めると決意した瞬間でした。…そうだ、あのときわたしは…世界が必要としているからプログラムを始める。たとえ受講生が一人でも、わたしはその人のために授業をする…と決意したのだった！

この数年の間…受講生が少ないんじゃプログラムをつづけられない…とわたしは弱気になっていました。……もう、おとなのプログラムはやめようか…とも考えていました。サマープログラムには大勢来てくださるから、それだけはつづけられる…そんな楽なことばかりを考えていました。

この五年半の間、大切な人、大切なものが一つ、またひとつと、わたしの目の前から去っていきました。そうして、もう失うものは「ひびきの村」の仲間とパートナーだけ…という崖《がけ》っぷちまで追い詰《つ》められて…今、ようやく、分からせてもらったのです。すべては「心の声のひびくがままに生きる」ことをせず、楽な道をえらんだ結果だったのだ…ということを。

どんな季節にも…咲く

たとえ一本の木でも…

夕暮れの匂い

「ねえ、あなたはまた生まれてきたいと思う?」「ううん、もういいわ。もう二度と生まれ変わってこなくていいわ」「うん、わたしもこれで十分」「わたしたち小さい頃、そんなに楽しくなかったよね」「うん、おばあちゃんは好きだったけど、おじさん、おばさんが七人もいて…」「お父さんとお母さんはよく喧嘩《けんか》していたしね」「いやだったね」「家庭の状況なんて、子どもにはどうしようもないからね」「よく我慢してたね、わたしたち」…妹と二人でこんな会話をかわしたことがありました。

辛いこと、苦しいこと、悲しいことが多いこの地上の生活…生まれ変わって、またこの世界に戻って来るのはもういいかなと、わたしは長い間そう考えていました。

思い出したくもない失敗、醜態《しゅうたい》、間違い、争いもたくさん経験しました。病気や怪我も体験しました。人を傷つけたことは数限りなくあります。そのどれを思い出しても身が竦《すく》み、「あんなことはもう二度と体験したくない」と強く思います。それらの苦い体験は…前世でのことも含めて…すべてがわたしが過去にしたことの結果であり、それが結果として顕《あらわ》れた…消えた…と考えています。けれど同時に、今生《こんじょう》で新たな因縁をつくり、いつかまたそれが現象として顕れて、解消しなければならないということも分かっています。顕れるのは今生でのことなのか、あるいは来世でのことなのか…定かではありません。

もちろんこれまでには楽しいこと、心躍《おど》ること、嬉しいこと、ありがたく思うことも多くありました。思い出すたびに心が温められる人、襟《えり》を正すほどに立派な人、涙がでるほど懐《なつ》かしい人にも数多く出会いました。けれど、わたしは心が弱く、堪《こら》え性がない人間なので、不如意《ふにょい》なこと、不本意なことがあるとすぐに身も心も萎《な》えてしまいます。そして「ああ、こんなに苦しいことをまた体験しなければならないのなら、もう二度と生まれ変わってきたくないなあ」と、そのたびに思うのでした。

弱い心に溺《おぼ》れそうになった…わたしが過去にしたこと、思ったこと、考えた諸《もろ》諸《もろ》のことが、辛いこと、悲しいこと、耐え難いこととして顕れて今消えたのだ。こういうかたちで今、因縁は解消されたのだ。これでいいのだ…と、そのたびに心に言い聞かせてきました。いえいえ、わたしがどう考えようと、人間はこの世ですべきことを済ませたらあの世へ行き、あの世で果たすべきことを果たしたら、再び、三度四度《みたびよたび》、いえ、進化が終わるまで（進化が終わるなんていうことがあるのでしょうか！）地上に生まれ変わってくるのです。

ある日の夕暮れどきのこと。その日は朝から厚い雲が頭上を覆《おお》い、うす暗く、

うっとうしい気持ちで過ごしていました。ふと時計を見ると、針は五時を指していて「ああ、今日も暮れるのか…」とぼんやり思いながら、わたしはまたパソコンに向かいました。すると次の瞬間、薄暗かった部屋がぱーっと明るくなりました！　顔をあげると…西の空にひろがる雲が黄金色《こがね》に縁取られ、すきとおり、輝いているではありませんか！

テラスのドアをあけました。夕暮れの匂いが部屋にながれこんできました。外に出ておおきく息を吸いました。冷たい空気がいきおいよく体中にながれていきました。光に照らされた海面《うなも》がまぶしく輝いて…ああ、なんて美しい！

…死んで身体がなくなったら、この美しい空を見ることはできない。精神だけの存在になってしまったら、この夕暮の匂いを嗅《か》ぐこともできない。冷え冷えするこの空気を吸うことも、この丘から海を見下ろすこともできない…勇気を出して…もういちど、この世界に戻ってきてもいいかな…はじめてそう思いました。

春を待つラヴェンダー畑

空がこんなに美しいなら

空がこんなに美しいなら

空が　こんなに美しいなら
朝焼けが　こんなに赤いなら
雲が　こんなに白く輝いているなら

どんなに　苦しみがあろうとも
どんなに　困難があろうとも
どんなに　悲しみがあろうとも

もういちど　生まれ変わって
この世界を　この目で見たいと思う

木が　ざわざわと葉裏を見せるなら
花が　やさしくゆれるなら
枝が　はげしく擦《こす》れるなら

どんなに　寂しくても
どんなに　辛くても
どんなに　切なくても

もういちど　生まれ変わって
この世界を　この心で感じたいと思う

煙が　風にたなびくなら
風が　ほほをなでるなら
蝶《ちょう》が　ひらひらと舞うなら

どんなに　悔《くや》しくても
どんなに　対立しても
どんなに　恐ろしくても

もういちど　生まれ変わって
この世界を　この手で触れたいと思う

波のしぶきが　しょっぱいなら
雨のしずくが　冷たいなら
つもった雪が　痛いなら

どんなに　恥ずかしくても
どんなに　嘲《あざけ》られても
どんなに　仲間はずれにされても

もういちど　生まれ変わって
この世界を　生きてみたいと思う

人が　こんなに優しいのなら
人が　こんなに厳しいのなら
人が　こんなに賢いのなら

どんなに　落胆しようと
どんなに　裏切られようと
どんなに　責められようと

もういちど　生まれ変わって
この人たちと　交わってみたいと思う
もういちど　生まれ変わって…きたい…

あとがき

今、わたしはヨーランのように生きたいと、心から願っています。

この本は当初、二〇〇八年秋に出版していただく予定でした。九月に書き終え、原稿を送りました。これまではすぐに「読みましたよ。いいですねえ」と電話をくださっていた編集者の柴田さんから、しばらく音沙汰がありませんでした。……やっぱりだめなんだ…暗くて、じめじめして、気が滅入《めい》るようなエッセイばかりだから…無理もない。でも、あれはわたしの正直な気持ち。あれ以外に今は書けないもの。だめだったら出版はあきらめよう…そんなわたしの気持ちを、柴田さんはなんとか奮い立たせて本にしようと励ましてくださいました。

そして迎えた二〇〇九年一月十四日。手を入れ、新しく書き下ろし…一週間で作業を終えました。不思議なことに、決意してからというもの、身体にも心にも力が漲《みなぎ》り、使っても、使ってもその力は少なくなるということがありませんでした。いえ、使えば使うほど、さらにその力が増してくるとさえ感じ、徹夜しても、発熱しても、その力は衰えることがありませんでした。

これまで折りにふれて「ひびきの村」を訪ねてきてくださった柴田さんは、村のさまざまな表情をカメラに収めてくださっていました。この本には、その美しい写真がたくさん使われています。

これまで「ひびきの村」を訪れてくださった皆さまには、懐《なつ》かしい思い出と共に見てくださるといいな、と思っています。「ひびきの村」をご存じない方がたには、「きれいなところ！」と感じていただけるでしょうか。

わたしが目覚めるこの瞬間《とき》を、辛抱強く待っていてくださった「ほんの木」出版社の柴田敬三さんに心から感謝いたします。そして、どんな困難の中にあっても、共に仕事をつづけてくれた「ひびきの村」の仲間たち、あたたかく支えつづけてくださった「ひびきの村」の友人たち、深い谷底にあるときも、傍《かたわ》らにいつづけてくれた家族に…ありがとう。天使と大天使たち、神さまに…ありがとう。「ひびきの村」の大地、水、火、風、妖精たちに…ありがとう。そして「ひびきの村」を美しく整え、使わせてくださっている日能研の高木幹夫さんに、心からお礼を申しあげます…ありがとう。

素敵なデザインに仕上げてくださった渡辺美知子さん、また高橋利直さんをはじめ、ほんの木の皆さまに…ありがとう。

そして、読んでくださった皆さまに…ありがとう。

二〇〇九年一月十四日

雪につつまれた「ひびきの村」にて　大村祐子

大村祐子
プロフィール

アメリカ、サクラメント市のルドルフ・シュタイナー・カレッジで、シュタイナー学校教員養成、ゲーテの自然科学、芸術のプログラムで学ぶ。その後現地のシュタイナー学校、ルドルフ・シュタイナー・カレッジで教え、1998年帰国。北海道伊達市でルドルフ・シュタイナーの思想を実践する人智学共同体「ひびきの村」をスタート。バイオダイナミック農場、シュタイナー幼稚園、小中高等学校、大人が学ぶミカエル・カレッジ、困難を持つ子どもと共に学ぶシュタイナー学校・ラファエル・スクールを主宰。著書は「わたしの話を聞いてくれますか」「シュタイナー教育に学ぶ通信講座全18巻」「シュタイナー教育の模擬授業」「昨日に聞けば明日が見える」「子どもが変わる魔法のお話」「季節のお話絵本①②」（ともに「ほんの木」刊）など。各地で講演会、ワークショップも開催。現在「ひびきの村」代表。

ミカエル・カレッジ、
ラファエル・スクール、
サマープログラム、講演会等の
お問い合わせ先
「ひびきの村」

〒052-0001　北海道伊達市志門気町6-13　TEL 0142-25-6735　FAX 0142-25-6715
E-mail : info@hibikinomura.org　URL : http://www.hibikinomura.org

空がこんなに美しいなら

「子どもの未来とお母さん」シリーズ③

大村祐子 著

2009年 4 月22日 第 1 刷発行

企画・制作——(株)パン・クリエイティブ
プロデュース＆編集——柴田敬三
協力——ひびきの村
業務——小倉秀夫　丸山弘志
営業——野洋介
発行人——高橋利直
発売——ほんの木
〒101-0054 東京都千代田区神田錦町 3-21　三錦ビル
Tel.03-3291-3011　Fax.03-3291-3030
http://www.honnoki.co.jp/
E-mail　info@honnoki.co.jp

ISBN978-4-7752-0069-8
郵便振替口座　00120-4-251523
加入者名　ほんの木
印刷所　中央精版印刷株式会社

「よりよく生きたい。自由になりたい」

わたしの話を聞いてくれますか

大村さんの心の内を綴った初の単行本。感動のエッセイ。人生のヒントに出会えたと、たくさんのお便りをいただいています。

子育て、生き方に迷いを感じたときに著者が出会ったシュタイナーの思想。42歳で子連れ留学、多くの困難や喜びと共にアメリカのシュタイナーカレッジで過ごした11年間を綴った記録です。読みやすいシュタイナーの入門エッセイです。

●すばらしい内容！この本1冊でどんなに深くシュタイナーについて学べるかわかりません。（愛媛 T.H.さん）
●思い当たるところ、感動するところあっていっきに最後まで読みました。多くの方に読んで欲しい内容です。（東京　O.Y.さん）

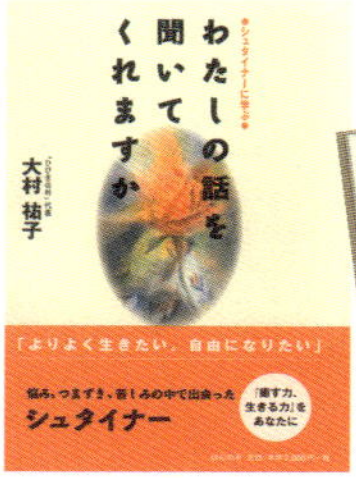

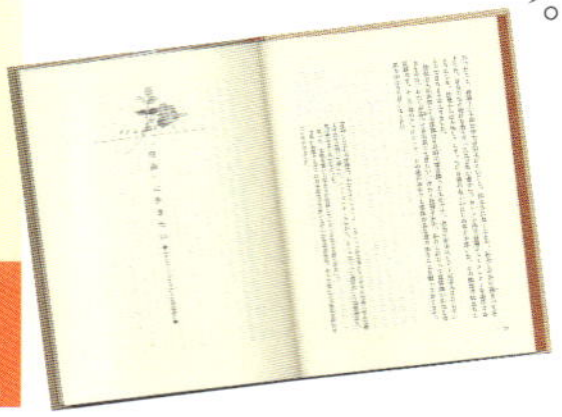

大村祐子著
定価 2,100円（税込）送料無料

ルドルフ・シュタイナーの「七年周期説」をひもとく

昨日に聞けば明日が見える

「わたしはなぜ生まれてきたの？」
「人の運命は変えられないの？」

その答えはあなたご自身の歩いてきた道にあります。０歳～７歳、７歳～14歳、14歳～21歳までをふり返ると、21歳から63歳に到る７年ごとの、やがて来る人生の意味が明らかにされます。そして63歳からは人生の贈り物……。

「人の使命とは？」
「生きることとは何か？」

その答えがきっと見つかります。

シュタイナーの説く「人生の７年周期」によりますと、人生は７年ごとに大きく局面を変え私たちはそのときどきによって異なる課題を果たしながら、生きています。

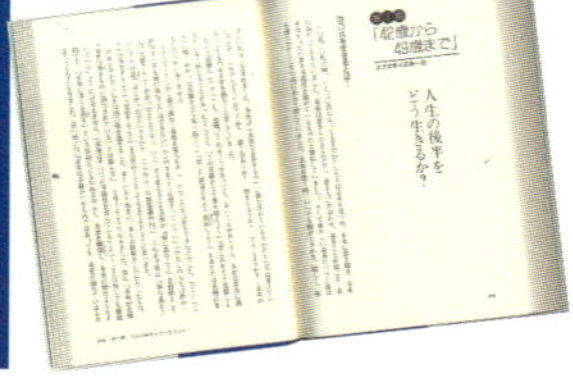

大村祐子著
定価 2,310円（税込）送料無料